# スピッツ論
## 「分裂」するポップ・ミュージック

伏見瞬

イースト・プレス

# スピッツ論　「分裂」するポップ・ミュージック

装画：
島田萌
「chromatic aberration series “flower Ⅳ”」
oil on canvas 652×530mm
個人蔵


島田萌
「chromatic aberration series “Spitz”」
oil on canvas 530×652mm

# はじめに

スピッツの音楽は「分裂」している。それが本書の結論だ。

日本の音楽産業の中で30年以上の歳月を生き残り、今も現役で活動を続ける4人組バンド・スピッツ。彼らは多くの人々を魅了し、影響を与えてきた。私自身、スピッツの音楽に惹かれた人間のひとりとして、彼らの魅力がどこからやってくるのかを考え続けてきた。その中で、スピッツというバンドの表現には、あらゆる「分裂」が含まれることを見出した。楽曲においても、バンドとしての立ち位置においても、スピッツは分裂している。

分裂とは、ポップ・ミュージックの条件であり、今の世界に生きる人間の条件である。スピッツの分裂について考察することは、私たちの生活を取り囲む音楽環境を考えることでもあり、私たちが暮らしを営む社会がどのように成り立っているかを考えることでもある。その事実を、本書を通して詳らか（つまびらか）に記していく。

本書は9章構成となっており、すべての章がそれぞれ異なる分裂を主題としている。第1章では〝個人〟であることと〝社会〟の一員であることとの分裂、第2章では〝有名〟であることと〝無名〟であることとの分裂が、スピッツとどのような関係を結んでいるかを示す。第3章で、スピッツのサウンドが〝とげ〟と〝まる〟という二つの極を行き来した来歴をものがたり、第4章においては、彼らの楽曲のメロディが、〝反復〟と〝変化〟という音楽の分裂構造をどのように扱っているかを確認する。第5章は、〝日本〟と〝アメリカ〟という、近現代の日本人が抱えた分裂とスピッツとの関係を描き出し、つづく第6章では、日本の中で、彼らが〝中心〟と〝周縁〟の二極に引き裂かれる様を追っていく。第7章で記すのは、スピッツにおける〝エロス〟と〝ノスタルジア〟の位置であり、第8章が明らかにするのは、スピッツ作品に内在する〝人間〟と〝野生〟の綱引き運動だ。最終章では、これまでの記述を踏まえて、スピッツの音楽にとって、〝生〟と〝死〟の分裂がどのような響きを持つかを紐解いていく。各章は、それぞれ独立した内容であると同時に、全体を通してひとつなぎのストーリーともなっている。

スピッツの作品と表現を、本書では「ポップ・ミュージック」に含まれるものとみなす。20世紀以降の社会には、「複製された商品としての音楽」が溢れている。その中でも、ラジオ、テレビ、雑誌、インターネットなど、マスメディアによってつくり手と作品が結びつけられる音楽が、本書での「ポップ・ミュージック」の定義だ。たとえば、誰がつくったか明かされていない環境音楽は「ポップ・ミュージック」ではないが、作者がメディアによって特定される環境音楽はこの定義に当てはまる。つくり手のキャラクターとイメージも込みで受容されるのが「ポップ・ミュージック」だからだ。いわゆるポップスだけでなく、ロックもジャズもラップもレゲエもテクノもアニメソングもクラシックも、「ポップ・ミュージック」に含まれる可能性がある。多くの録音作品を発表し、雑誌やテレビにも登場するスピッツは、当然「ポップ・ミュージック」の一端を成す。

本書では、スピッツの作品と同時に、メンバー自身が書いた文章やインタビューに基づいた彼らの歴史についても記述する。スピッツの本なのだから当たり前だろうと思う方もいるかもしれないが、そうとも言い切れない。作品の内実と音楽家の人生を切り離す考え方もあるからだ。たとえば、冨田恵一『ナイトフライ 録音芸術の作法と鑑賞法』（2014年）は、スティーリー・ダンのメンバー、ドナルド・フェイゲンが1982年に発表したソロアルバム《ナイトフライ》を詳細に分析した本だが、録音芸術としての作品の特性に焦点を当てるために、ドナルド・フェイゲンのライフ・ヒストリーについては最低限の記述に留めている。出来上がった作品は作者から受け手に手渡されており、作者の人生とは独立して存在している。そう考えるとするなら、音楽家についての情報は、むしろ作品の純粋な受容を曇らせる夾雑物と認識されるべきだろう。

しかし本書は、スピッツとオーディエンスの間にある関係に重心を預ける。ポップ・ミュージックとは、つくり手と聴き手の間を流動的に漂う芸術形式である。スピーカーやイヤフォンから流れる音だけでなく、つくり手に関する情報も含めて、人々はポップ・

ミュージックを鑑賞している。新しい情報が加われば、聴こえ方も変化してしまうだろう。そうした音楽の受容の仕方を、不純と見下すことはしない。むしろ、音楽という文化の雑多さを受け入れることは、音楽の複雑さを複雑なまま捉えるために必須の姿勢となる。

スピッツの音楽は、彼らの歴史がどのように語られ、彼らのヴィジュアルがどのようにメディアやライブの場で表れるかということと不可分に結びついている。その結びつきも含めて、ポップ・ミュージックの在り方と考えるのが本書の立場だ。

同時に、スピッツのフロントマン、草野マサムネの歌詞についても多くの言葉を費やす。鳴らされた音の集合体である音楽に対して、言葉を取り出して論じる手法は、音の性質を無視した的外れの論評になりうる可能性が高い。しかしながら、スピッツの音楽において歌詞の役割は大きい。草野マサムネの声と言葉を活かす形でつくられていくのが、彼らの音楽だ。ゆえに、本書では言葉と音の相互影響を、重点的に取り上げていく。むろん、音の鳴り方も蔑ろにはしない。本書は、音楽をつくりたい人が具体的に参照できる本であることも目指す。

ポップ・ミュージックは、取るに足らないおもちゃのように感じることもあれば、人間の生死を左右する重大なものに感じることもある。商売の道具に過ぎないとも言えるし、俗世を超越した偉大な力があるようにも思える。相反する二つの感覚に引き裂かれる不思議に魅せられて、私はポップ・ミュージックを聴き続けてきた。その中でも、引き裂かれる力をもっとも強く感じたのが、スピッツの作品だった。

スピッツについて書かれた本書が、音楽への興味を高め、世界を面白く感じるための糧となるなら、筆者としてそれ以上の喜びはない。

# 目次

（第1章）

# 密やかさについて——〝個人〟と〝社会〟

## スピッツの不思議

本章では、スピッツの表現における密やかさに着目する。個人的な密やかさが、公共的に共有されることの分裂状態に、彼らの音楽の特徴を見出していく。

それにしても、スピッツはどうして広まったのだろう。今でこそ彼らは、1990年代から現在に至るまでに多くの支持と知名度とセールスを獲得してきた人気バンドとして知られている。だが、デビュー当初、あるいはそれ以前から彼らを知る人からすれば、この人気は不思議なものに映るだろう。おそらくこれは4人のメンバー自身にとっても同様だろう。

冷たくって柔らかな　二人でカギかけた
小さな世界――〈ニノウデの世界〉

デビューアルバムの1曲目がこのような言葉からはじまるとおり、彼らは「カギのかかった」閉じた世界を歌に描いてきた。楽曲の耳馴染みのよいメロディーには広く共有される力が潜在していたとしても、彼らの音楽が大きな世界に広がっていくと想像するのは難しかった。スピッツは、大多数へ広がることを拒む「密やかな」共有を紡ぎだす存在だったからだ。

もちろん、スピッツがある時期に意識的に「売れる」努力をしたことを知っている者からすれば、大衆へ広がったことも必然に思える。しかし、奇妙なのは、そうした広がりにおいても、彼らの「密やかさ」が失われなかったことだ。

誰も触れない　二人だけの国
君の手を離さぬように――〈ロビンソン〉

スピッツをブレイクに至らしめた、160万枚以上の売上を記録したシングル曲のコーラスで、「誰も触れない」閉じた世界は再び歌に現れる。「売れる」を狙っていたとしても、「密やかさ」を手放してはいない。そんなバンドが、30年以上も日本の商業音楽界の前線で活動している。内密な表現のまま、外側へと広がっている。そこにスピッツの不思議がある。

## 〝公〟と〝私〟の分裂

スピッツのライブを訪れると、老若男女、様々な人々がいることに気づく。メンバーと同世代の50代ほどの人々もいれば、10代と思わしき男女の姿も少なくない。多くのポップス、ロックのミュージシャンには特定の世代や性別にファンが集中していることがしばしばだが、彼らの客層の幅は広く、あらゆる人々から愛されていることがわかる。また、彼らはポピュラーな人気を得ながら、自身が聴く音楽を自らのアイデンティティにするような熱心なリスナーからの支持も厚い。商業的に成功したミュージシャンの多くは、どうしても一部の音楽好きから軽蔑の念を抱かれがちだ。ブレイクした歌手やバンドが大衆迎合の低俗な音楽家だと見なされたり、作品自体の質に目を向けない商業主義者だと思われたりすることは往々にして起こる。逆に、批評家や熱心なリスナーから高い評価を受けながら、大きな人気を得ることのない音楽家も沢山いる。彼らの音楽は多くの人にとっては曖昧であったり難解に聴こえたりして、快く受け入れられなかったりする。二極に分かれるこの傾向の中で、スピッツは大衆的な人気を得ながらも、コアなリスナーの支持を失わずに活動を続ける、非常に希有な存在だ。

大衆からの人気というものは楽曲の質だけでなく、ミュージシャンのイメージ、宣伝の方法、音楽市場の経済的状況、社会情勢の変化など、あらゆる要因に左右される。そのため、その人気の原因を的確に導き出すことは非常に難しい。けれども、スピッツの楽曲が「ポップ・ミュージック」の伝統を受け継いでいることは証明できる。その伝統を一言で言い表すには「分裂」という言葉がふさわしい。

分裂は、たとえば〈ロビンソン〉から聴こえてくる。冒頭の寂しさを含んだギターのアルペジオ（分散和音）が強い印象を残すこの曲では、先にも挙げた「誰も触れない二人だけの国」というフレーズが、楽曲の盛り上がりの頂点で歌われる。草野マサムネの伸びる高音によって、サビに入ると同時に「a」の母音が広がると、大いなる開放感が訪れる。しかし、昇天するような解放が表現されたその瞬間に、コード（和音）はF#mの悲しみへと向かいはじめる。悲しみと喜びが楽曲の中で分裂しているのだ。考えてみれば、サビの手前には「ありふれたこの魔法」という〝平凡（＝ありふれた）〟と〝非凡（＝魔法）〟に引き裂かれた表現が登場するし、冒頭部の「新しい季節」からはじまる一節は、「新しい」にもかかわらず「君を追いかけた」と過去形で終止する。かくのごとく、〈ロビンソン〉にはいくつもの分裂が織り込まれている。

こうした分裂性はスピッツだけに見られるものではない。１９６０年に全米1位を記録した〈Will You Love Me Tomorrow〉という曲がある。後にシンガーソングライターとして名を成すキャロル・キングが作曲し、シュレルズという女性ボーカルグループが歌った楽曲だ。軽快なドラムビートと甘いメロディーとは対照的に、「今夜、あなたはわたしのものだけど、明日もまだ愛してくれているの?」（筆者訳）と、未来への不安を歌っている。この曲は楽観的な曲調と悲観的な言葉が分裂しており、同時に歌の上での主人公は「幸せだけど不安」という分裂した感情の中にいるのだ。日本にも、明るい曲調を持ちながら孤独や後悔を歌った〈上を向いて歩こう〉という曲があり、言葉の中では「上を向く」上昇運動と「涙がこぼれる」下降運動が対立している。優れたポップソングには、このような分裂が多く含まれている。ビートルズにもプリンスにも宇多田ヒカルにも、同様の分裂の歌があるだろう。

20世紀初頭、ラジオとレコードの発明と共に発展したポップ・ミュージックは、複製技術の大量生産を前提として生まれた音楽形式だ。そもそも、音楽は客観的な観照や外部の材料（絵画における対象観察や小説における客観描写、あるいは映画や写真における撮影対象）を伴わずに何らかの情感・フィーリングをつくり出せるという点で、主観性の強い表現形態だ。一方でポップ・ミュージックの産業においては、この「主観」が大量にコピーされ、無数に分裂する。個人的なフィーリングがあまたの人々に共有され、〝私〟と〝公〟が分裂するのだ。凡百のポップソングは〝公〟（つまり大衆）を意識するあまり、〝私〟を軽々と捨て去る。逆に多くの先鋭的な音楽家は〝私〟の固有性にこだわることで、大量生産の〝公〟性を拒絶する。優れたポップソングは、分裂を楽曲に組み入れることでポップ・ミュージックの条件そのものを体現し、〝公〟と〝私〟の間にブリッジをかけ、大量生産の商品であると同時に固有の芸術作品であることを可能にする。こうした矛盾を成立させる力が「ポップ・ミュージック」と呼ばれるものの中心にある。

とりわけ、スピッツは強力な分裂を携えたバンドだ。〈ロビンソン〉以外のヒット曲、たとえば〈チェリー〉や〈青い車〉といった楽曲では、跳ねるようなリズムとメロディーの上で喪失や死を思わせる言葉が乗せられ、淡い白昼夢のサウンドスケープを持つ〈渚〉の中では「幻よ醒めないで」と、今見えているものが幻想であるという醒めた認識を示す。また、草野マサムネは平凡なものに非凡が宿るという逆説を多用する作詞家でもあり（〈愛のことば〉〈運命の人〉〈ローテク・ロマンティカ〉〈ありがとさん〉など）、同時に、幸福な状況を過去形で描いたり（〈プール〉〈冷たい頬〉〈仲良し〉〈フェイクファー〉など）、不可能への願望を言葉にしたりすることで（〈僕の天使マリ〉〈流れ星〉〈甘い手〉〈スターゲイザー〉など）、時間や可能性における分裂を表現することにも長けている。つまり、スピッツの楽曲には〝陽／陰〟〝希求／絶望〟〝陶酔／虚無〟〝非凡／平凡〟〝現在／非現在〟〝可能／不可能〟といった、ありとあらゆる対極要素が詰め込まれており、その分裂の強度は群を抜いている。他に類をみないこの強度こそが〝公〟的に広く好かれ、〝私〟的に強烈に愛されるような、「誰も触れない」特別な位置へとスピッツを導いたのだ。「誰よりも分裂を受け入れたポップ・ミュージック」、それがスピッツの音楽である。

## メジャーデビューからの不遇

だが、スピッツが大勢に受け入れられるまで、時間はかかった。

「スピッツ」はフロントマンの草野マサムネが結成前から温めていたバンド名であり、短くて覚えやすいパンクバンドのような名前として気に入っていたという。「弱くてキャンキャン吠えてる」犬という自虐的な意味も含めている〈※1〉。スピッツは1987年に東京で結成された。メンバーは4人。全員1967年の生まれであり、現在までメンバーは変わっていない。

ボーカル、ギター、そしてほとんどの楽曲の作詞・作曲を担当する草野マサムネは福岡県福岡市早良区出身。小学生の頃から音楽を愛好し、ハードロックやパンクロックに傾倒する中でギターをはじめ、高校時代からバンド活動を開始した。高校卒業後に上京、東京造形大学で田村明浩と出会い、スピッツを結成する（草野は後に東京造形大学を中退し、武蔵野美術大学へ入学）。

ベースの田村明浩は静岡県藤枝市出身で、小学校6年生のときに後のスピッツのギタリストとなる三輪テツヤと出会っている。中学時代には三輪とともにはじめてのバンド「田

〈※1〉スピッツ『旅の途中』幻冬舎、2007年、p.12

村バンド」を結成した。

サングラスと度々変化する個性的な髪型がトレードマークの三輪テツヤは、高校卒業後、文化服装学院に入学。フォークソング部に入部し、バンド活動を続けていた。幼なじみの田村からの声掛けがあり、スピッツに加入する。

ドラムスの﨑山龍男は栃木県佐野市出身、文化服装学院フォークソング部で三輪と出会う。学生時代からドラムスの技術を評価され、様々なバンドにヘルプメンバー（一時的な助っ人）として参加した。スピッツにも「助っ人」として加わり、今まで一度も「正式メンバーになってくれ」という依頼がなかったため、「今でもヘルプ」とライブでネタにされたりしている。

結成当時はバンドブームがあった時期でもあり、スピッツのライブにも少しずつ観客が入るようになっていった。1988年7月には、結成当初の目標であった有名ライブハウス、新宿ロフトでのワンマンライブが実現。インディーズでミニアルバム《ヒバリのこころ》を1990年3月に発売。1991年3月には、ファーストアルバム《スピッツ》でポリドールよりメジャーデビューする。

彼らはデビューから「ロードアンドスカイ」という音楽事務所に所属している〈※2〉。意外に思う人もいるかもしれないが、シンガーソングライターの浜田省吾が所属する、というより、そもそも浜田省吾の活動のために設立された事務所だ。ロードアンドスカイの社

〈※2〉
2001年からスピッツのマネージメント事務所は「Grass Hopper」として分社化している。

長、高橋信彦は70年代に、浜田と共に愛奴（ＡＩＤＯ）というバンドで活動し、レコードデビューもしている。当時は浜田がドラムスで、高橋はベースを弾いていた。愛奴の解散後、高橋は音楽業界から離れていたが、ソロミュージシャン活動が忙しくなっていた浜田からの要望を受けて、マネージメント会社を立ち上げた。それがロードアンドスカイだ。

バンドブーム時の狂騒の中で使い捨てられることを恐れたスピッツの4人は、ＣＤセールスを価値基準とするレコード会社よりも、音楽活動全体をサポートしてくれる事務所を先に決めることにした〈※3〉。高橋は、ちょうど新人バンドのプロデュースを考えており、両者の思いが一致した形となった。ロードアンドスカイとの契約を結んだあとで、スピッツはレコード会社としてポリドール（当時の新入社員、竹内修がスピッツをプッシュしており、竹内は後にスピッツのディレクターとなる）を選択している。

周囲からの手厚いサポートがあったにもかかわらず、メジャーデビューアルバムの《スピッツ》からサードアルバム《惑星のかけら》（１９９２年9月発売）までのスピッツは、まったく売れなかった。ＣＤセールスもライブ集客数も横ばいどころか、下降している始末だった。

人気が出なかった理由は、いくつか考えられる。プロモーションが上手くいっていなかったのかもしれないし、人々が求めるものに合致していなかったのかもしれない。演奏技術

〈※3〉
スピッツ『旅の途中』幻冬舎、２００７年、p.83～86

も歌唱力も、今と比べれば高くはなかっただろう。しかし根本的には、彼ら自身が売れてしまうのを恐れ、拒んでいたのが最大の理由だと思われる。スピッツは「密やかな」表現を核に置いていた。そこには、周囲の俗世界に対する嫌悪や恐怖が響いていた。自らが大切に感じるものを、誰かに渡すわけにはいかない。とくにファーストアルバムの《スピッツ》には、外の世界を信用しない意固地さが、強く表れている。しかしそれは、彼らの音楽が時代の気配とかけ離れていたことを意味しない。むしろ初期のスピッツは、1990年代初頭の淀んだ空気や切迫感とどこかで密通していた。

## 陰鬱と倦怠の時代

「ミュージック・マガジン」2010年11月号のスピッツ特集において、小野島大が寄稿した文章の題は「スピッツ論～未来に希望が持てない時代に生まれたロック・バンドの理想型」。初期のスピッツと同時代の関係を表すのに、おそらく最適な表現だろう。

スピッツがデビューしたのは1991年。湾岸戦争が始まり、バブル経済の崩壊、地価・株価下落、大手金融機関の破綻、雇用の抑制、就職氷河期の到来、フリーターやニートの増加、オウム真理教の台頭…など、社会や経済のとめどもない収束が始まった年である。当時はまだバブルの残り香が漂っており、のちに「平成不況」「失われた10年」と言われたような陰惨な空気からは遠かったものの、暗い予感は着実に忍び寄っていた。スピッツの初期の作品、とくにファースト・アルバム《スピッツ》では、セックスや死といったタームに象徴されるような陰のイメージが色濃く漂い、単純な人生応援歌やカラオケ向けの人畜無害なラヴ・ソングばかりが横行していた当時のJポップとは一線を画していた。それは確実に、バブルという虚構の繁栄を謳歌した時代の終わりを予言していたのだ。

対照性を明確にするために多様なJポップの楽曲を紋切り型のイメージに押し込めているきらいはあるものの、バブル景気から不況へと陥る時代の不安感、時代が醸していた暗い気配をスピッツの音楽が捉えていたという指摘に間違いはない。小野島はさらに、経済の失調やエイズやホームレスなどの社会問題が前景化していた当時のアメリカの状況へと話を広げ、「ジェネレーションX」と呼ばれる若い世代の不安感や希望のなさと呼応する形で91年にブレイクしたニルヴァーナと、スピッツを相似形で結ぶ。

日本でもアメリカでも、若者たちは自分たちが「親の世代より貧しくなる」ことが確実な、つまり未来に希望が持てない世代であることに漠然と気付き始めていた。ニルヴァーナもスピッツも、そうした若者たちの感性や生活実感を、リアルに共有していたのである。

この指摘も的を射ている。それまでのロックにはない新しい気配を漂わせるニルヴァーナのようなバンドは「オルタナティブ」という形容を与えられたが、スピッツは国内のバンドブームの中でいち早く「オルタナティブ」の風を纏ったバンドであっただろう。20年後に《おるたな》と題されたアルバムを発表するスピッツ自身も、その立ち位置を多少なりとも自覚していたはずだ。彼らの表現に、親世代との断絶や未来への絶望感が含まれていたというのも正しいだろう。

ただ、彼らの音楽を不安感や孤立感という言葉に結びつけすぎると、その表現がひたすら陰鬱で暗いものだと捉われかねない。ニルヴァーナやスピッツには、もっとのんきな、「だらだらとした日常感覚」も同時に備わっている。フロントマン、カート・コベインがブレイク後の混乱の中で拳銃自殺を遂げたが故に、ニルヴァーナには暗く悲劇的なイメージがつきまとう。ただ、彼らの音楽には同時にユーモアと諧謔精神があった。ニルヴァーナの周辺にいたダイナソーJr.やマッドハニーにせよ、あるいは彼らを追うようにデビューしたペイヴメントのようなバンドにせよ、憂鬱に沈み込むというより、倦怠感の中をへらへら笑いながら生きる存在であったし、リチャード・リンクレイター監督の『スラッカー』『バッド・チューニング』といった同時代の映画はそうした気だるい雰囲気を着実に掴んでいた。

日本に目を向ければ、スピッツと同世代で同じ時期にデビューした電気グルーヴやスチャダラパー、あるいはフィッシュマンズが「だらだらした日常感覚」を共有していた。テクノ、ヒップホップ、レゲエ／ダブと、彼らが基調とする音楽には違いがあるものの、それぞれがユーモアとナンセンスによって自らのよってたつ日常を音楽に反映させていた。スピッツの少し前にデビューしていたユニコーンが、速いビートに乗せてラブソングをストレートに歌うスタイルから、出世街道に疑いを抱いたサラリーマンの悲哀を描く〈ヒゲとボイン〉〈大迷惑〉のユーモラスな作風へ変わるのもこの頃である。同じ時期には保坂和志、小川洋子、角田光代といった小説家がデビューを果たしている。彼らはそれぞれ異なる資質を持った作家であるが、初期の作品が若者たちの淡々とした日常を舞台にしている点では共通しており、ここにも「だらだらとした日常感覚」が表れている。あるいは、深夜のテレビ番組の充実や家庭用テレビゲームの普及が、日本の若者の生活面における「だらだら感」を強めたかもしれない。実際、スピッツの草野と田村は、バンド結成前に田村のアパートでゲームをして遊んでいた〈※4〉と語っているし、スチャダラパーは〈ゲームボーイズ〉というコンシューマーゲームを題材にした楽曲を1991年に発表している。不安を抱えていたとしても、ただ怯えているというわけではなく、そこにはそれなりの楽しみや喜びが存在していたのだ。

〈※4〉
スピッツ『旅の途中』幻冬舎、2007年、p.21

## ユーモア、セックス、シューゲイザー

では、スピッツにおけるだらだらした感じやユーモアは、どのように表現されているだろうか。

彼らの曲には、コードとメロディで情けなさを強調するところがある。《スピッツ》収録の〈海とピンク〉〈テレビ〉のイントロにそれは顕著だ。2つのシンプルなコードを素早く反復し、そこに忙しなく動くギターの単音のフレーズを配置すると、脱力を誘うような、可愛くも情けないフィーリングが生まれる。言葉ではなく、コードとメロディによってユーモアが表現されているのだ。

ユーモアは、対象との距離の取り方によって生まれるものだ。スピッツの表現には、対象を遠くから見ているような距離感が含まれる。たとえば、性行為を歌のモチーフとする〈海とピンク〉の中では、肉体の接触に「見る」ことの距離感が侵食する。硬質なスネアドラムと勢いのある8ビートに乗せて、小さな虫を想起させる、幼い声の草野マサムネが歌う。

しんしんと花びらも　指先で冷たくふるえてる

小さな玉砂利が足の裏くすぐる海岸で
ちょっと君をみて　海をみて　あくびして

海岸で不謹慎な行為にふけるさなかで、目の前の肉体を感知しながら、やがて視線は遠くまで広がる水へ向かい、体は脱力する。性の興奮とは裏腹な虚無が、視線の移動と「あくび」によって浮上する。「見る」ことの諧謔的な距離は冒頭のギターのフレーズと呼応し、楽曲は自らの情けなさに苦笑いを浮かべている。

スピッツにおける「だらだらした感覚」は、概して性的な意味を帯びている。セカンドアルバム《名前をつけてやる》収録の〈プール〉における「君に会えた／夏蜘蛛になった／ねっころがって／くるくるにからまって／ふざけた」という詞や、サードアルバム《惑星のかけら》収録の〈惑星のかけら〉における「ベチャベチャのケーキの海で／平和な午後の悪ふざけ」といった詞の気怠い表現が、セックスに結びついている。「しんしん」「くるくる」「ベチャベチャ」とオノマトペを伴っているのも見逃しがたい。幼児めいて響く擬音語を性行為と重ねて、ユーモアの感覚を生み出す特徴がそこに表れている。緊張した快楽と、弛緩した気怠さは、スピッツの描くセックスにおいて常に隣り合わせだ。

〈テレビ〉における「世界で最後のテレビを見てた」というフレーズからは、決定的な「最後」の時間に対しても、テレビを「見る」という、距離の認識が介入する様が見てとれる。

直後にくる「いつもの調子だ／わかってるよ／パンは嫌いだった」で、「見る」ことの引き裂かれは明らかになる。「最後」であるにもかかわらず「いつもの調子」であって、「パンは嫌いだった」と、非人称的な（パンを嫌いなのが誰かは曖昧）日常の慣習へ突然の飛躍をする。サビにおける「マントの怪人叫ぶ夜／耳塞いでたら／春の風によじれた／君と僕と君と」のフレーズと、詞の全体が過去形で書かれている点を結びつけて考えれば、この曲が別離のテーマを持っているとみなすことができる。しかしながら、親しい他者との別れも、世界の終わりも、情けなくのんきなムードに包まれており、直接的な手触りには結びつかない。《スピッツ》の音色と言葉は、ぼんやりした手触りのなさ、決定的な出来事を実感できない距離の感覚を伴っている。その感覚を表すのに一役買っているのが、残響音を多く含んだ、奥にこもったバンドサウンドだ。

スピッツはアメリカの新しいロックサウンドだけでなく、イギリスのバンドも参照点としていた。90年代前半、ロンドンやオックスフォードといったイングランド南部から、ライドやチャプターハウスなど、残響音とノイズを強調した大音量のギターサウンドに乗せてぼそぼそ声で歌うスタイルのバンドが立て続けに現れた。ライブ中観客を見ず、足下ばかり見て演奏していたことから、そうしたバンド群は「靴を見る人」を意味する「シューゲイザー」と名指されるようになった。彼らは社会に背を向け、音の中へ逃避していく姿勢を示したが、それもまた一つの「だらだらした日常感覚」の表現だったのだろう。

スピッツはこのシューゲイザーのサウンドに影響を受けており、とくにライドは草野マサムネが愛聴していたバンドだった。空間を塗りつぶすギター、力を抜いたか細いボーカリゼーション、靄のかかった残響音といったシューゲイザーの特徴が、スピッツの音にも取り入れられた。シューゲイザーを参照にした同時期の日本のバンドにはVenus PeterやPaint in Watercolourなどがいたが、英語詞を中心にしている彼らとは違い、スピッツはすべての曲で日本語詞を選択している。草野マサムネは自分たちが志向する音楽の性質を「ライド歌謡」と形容した〈※5〉。ライドに代表される当代の新しいサウンドと、日本に長い時間をもって根付く大衆曲のスタイルの間に、自らの場所を見出すことがスピッツの方向性だった。

ただし、スピッツとライドはいくつかの点で明確に異なっている。

たとえばドラムのプレイスタイル。ライドのドラマー、ローレンス・コルバートは、スネアドラム、もしくはタムドラムの連打で高揚を表す。前のめりな疾走感がその持ち味だ。スピッツの﨑山龍男は、少し後ろに構えたリズムで、細かいニュアンスを加えていく。音量変化には乏しいため一見地味だが、音色は幅広く、かつ安定感があり、楽曲に心地よいノリを与えることに成功している。〈ヒバリのこころ〉のサビにおける16分音符の裏で鳴らされるハイハットや、〈ビー玉〉の三連のビートでのライドシンバルとキックのコンビネーションなど、白昼に漂うような律動感覚がスピッツにはある。

〈※5〉
「SNOOZER」#20 2000年8月号「草野マサムネが選ぶ「スピッツを作った10枚」」p.57

そして、詞の質感。日本語と英語だから当然響きが違うのだが、その点を除いてもスピッツとライドでは歌詞の性質が大きく異なっている。ライドのリリックには名詞が少ない。1990年に発表されたライドのファースト・アルバム《Nowhere》全11曲の中で、使われる一般名詞の数は63個。対して、《スピッツ》全12曲の一般名詞数は164個。1曲平均で《Nowhere》は約5・7個、《スピッツ》は約13・6個と、2倍以上の数値差が出る。また、ライドは「sky」「time」「dream」など、日本語に訳したときに「空」「時間」「夢」という単語で代用されうるような、ポップソングに頻出する名詞の使用が目立つ。スピッツの詞にも「空」「時・時間」「夢」という単語が含まれるが、それ以上に「オケラ」「頭蓋骨」「三塁ベース」など、日常会話でもポップソングの詞でも使用頻度の多くない言葉を用いてリリックを構築している。ライドをはじめとするシューゲイザーのバンドの多くは言葉に重きを置いておらず、韻でリズムを整える効果として、リリックを捉える傾向にあった。一方でスピッツは、言葉の響きはもちろん、意味やイメージの広がり、使用単語の意外性など、言葉の作用でポップソングにフックを持ちこもうとしており、ライドとは異なる手法を用いているのだ。

ただ、《スピッツ》の音触り自体、単純にライドやチャプターハウスの音と同一視することもできない。《スピッツ》の音は、残響が深いだけではない。音の一つひとつに、ゼリーや寒天のような弾力性が感じられる。柔らかいと同時に厚ぼったい物質感もある、不思議な感触が宿っているのだ。これは、イギリスの同世代のバンドにはない特徴だ。

三輪テツヤのギターの音に、その特徴が顕著に現れている。〈月に帰る〉のスライドギターや、〈死神の岬へ〉のイントロのストロークには厚みがあり、シンセサイザーの音のようだ。〈五千光年の夢〉の、8分音符ごとに鳴らされる単音フレーズも、歪みは弱いのに音が細くならず伸びやかで、柔らかい弾力感を覚える。全体的に、ギターの音とシンセサイザーやキーボードの音の境界が曖昧だ。実際、〈月に帰る〉のイントロではシンセサイザーが水の跳ねるかのごとき音を響かせているが、ギターのストロークと違和感なく混ざり合っている。

アコースティックギターの音も独特だ。低音域のアタック感が弱い。アコギというより、ブラシでドラムを擦るときの印象に近づいている。ベースとドラムも、薄い膜で覆ったような柔らかさを有している。その感触は、ロックというよりも、アンビエント・ミュージックの音に近い。

おそらく、これはレコーディング・エンジニアを担当した河合十里の仕事によるものだ。レコーディング・エンジニアとは、録音やミックスの場面で音響を調整する音響技術者を指す。エンジニアの作業によって、作品は大きく印象を変える。河合は、広瀬豊《Nova》や濱瀬元彦《樹木の音階》、小川美潮《4to3》など、アンビエントや環境音楽の流れに位置する作品のレコーディングに携わってきた。彼の手がけた作品には、柔らかい弾力性があり、心地よくもどこか寂しげな空気が漂っている。それは、正に《スピッツ》の音から感じられる特徴だ。

そんな《スピッツ》のレコーディングは、かなり困難なものだったという。4人のメンバーはレコーディングの現場に慣れておらず、音に対する判断基準も曖昧だった。基準がないから、準備に手間取り、何度も録音を繰り返してしまう。延々と続くレコーディングに、河合が業を煮やして「何が基準になっているんですか!」と抗議したこともあったという〈※6〉。

スピッツの4人は、自らが未熟だったという認識も手伝ってか、ファーストアルバムに高い評価を下していない〈※7〉。しかし、本作には以降のスピッツでは味わえない、特異な魅力がある。

スピッツは、同時代のライドやダイナソーJr.、あるいはスチャダラパーといったバンド

〈※6〉
スピッツ『旅の途中』幻冬舎、2007年、p.93〜97

〈※7〉
「ロッキング・オン・ジャパン」2005年2月号「スピッツ・クロニクル 全アルバム解説インタビュー」、p.34,36

やグループと、「ぼんやりした手触り」や「だらだらした日常感覚」を共有していた。そうした感覚が、アンビエント・ミュージックの柔らかい音触りに結びつくことで、夢の中で閉じこもるような密室性の表現が生まれる。そして、草野マサムネは、密室に閉じこもっていたいという感情と、密室の外に出たいという願望を共に歌う。

《スピッツ》の中で、「世界」という単語は、先に紹介した〈テレビ〉の「世界で最後のテレビを見てた」というリリックを含めて、4曲で使われている。スピッツの全曲の中で「世界」が詞に含まれている曲は27を数えるが、オリジナルアルバムで4曲含まれているのは《スピッツ》のみで、後のアルバムでは2曲が最大である。そして、《スピッツ》における「世界」の使用には特徴が明確にある。閉塞感を表現するための言葉として使われているのだ。

冷たくって柔らかな　二人でカギかけた
小さな世界――――――〈ニノウデの世界〉

やっと世界が喋った
そんな気がしたけどまた同じ景色――――――〈トンビ飛べなかった〉

前者は、一緒にいる（恋人を想起させる）他者と共に閉じこもる。後者は、外界の他者との接触が不可能であることを歌う。《スピッツ》における言葉は、前者と後者の間を行き来している。小さな「世界」と大きな「世界」に引き裂かれる様が、ひたすらに続いていく。

「世界」が詞に登場する曲の一つ〈タンポポ〉は、二つの「世界」に引き裂かれた感覚がもっとも顕著に表れている。この曲には音響上に明確な分裂がある。空間を塗り尽くす厚ぼったいディストーションギターの音、這うようなベースラインと力の抜けた気怠い歌唱が「停滞感」を印象づける一方、3拍子をさらに3連符で割ったリズム構造とアコースティックギターの軽やかなストローク、韻律の整った言葉とシンコペーションを駆使したドラミングは、ジャジーで流れるような「躍動感」を表現する。こうした対照は、歌詞の世界像にも重なる。

僕らが隣り合うこの世界は今も
けむたくて中には入れない
山づみのガラクタと生ゴミの上で
太陽は黄ばんでいた

A→G♯→F♯とベースラインが下降する倦怠的なコード進行に乗って、最初に提示されるのは「近すぎるが故に大事なものを得られない」という逆説である。「僕ら」「隣」「この」「も」と、「o」の母音の反復が心地よく躍動する冒頭のフレーズは、テクノロジーや人口過多で人々の距離が近くなりすぎた故に、断絶に陥った社会状況を表しているようにも聴こえる。次に、「山積み」「ガラクタ」「生ゴミ」「太陽」の「a」音の連鎖に乗せて、太陽という人智を超えた存在がガラクタと生ゴミという卑近な存在によって脅かされる皮肉な状況が示されるが、ここでも、人間の欲望が自然環境を変動させてしまう現代的状況を指摘しているかのようだ。現在までわだかまっている社会の膿を刺すような詩文が連なるが、同時に、ここで描かれているのは極めて個人的な、誰にも共有され得ない感情であるようにも思える。〝近接／断絶〟〝偉大／矮小〟〝社会／個人〟といった対照性の裂け目が、すでにいくつも現れている。

ここから、曲はサビへと移行する。ギターとドラムの音量は増幅し、上昇と飛躍の多いコード進行が高揚感をかき立てるが、その中で歌われるのはこのような言葉だ。

くるくる回るくる回る　空も大地も
始まりのチャイムなったらもう君に会えない
ふんづけられて　また起きて道ばたの花

ずっと見つめていたよ

ここにあるのは〝遠／近〟と〝動／静〟と〝反復性／限定性〟の対比だ。歌詞上の話者（＝「僕」）は宇宙規模の〝遠い〟視点から、地球のすさまじい回転〝活動〟の〝反復〟を眺めている。だが、同時に「ぼく」は道ばたの花を〝近く〟からじっと〝静止〟した状態で見つめており、「君」との出会いは「もう」という言葉で〝限定〟されている。三つの分裂状態が重なる。加えて、「道ばたの花」（この花が「タンポポ」なのだろう）にはふんづけられる〝弱さ〟とまた起きる〝強さ〟が同居しており、「ぼく」はその花と自分を〝同一視〟しつつも、距離をとって見つめることしかできないという〝違和〟も感じている。

さらにはこの後、2回目のサビでは

何かが解っても何も変わらない
立ったまま心はしゃがみこんで泣いていた

というフレーズが登場する。「わかる」という〝内側〟の〝変化〟があっても、〝外側〟の世界は〝不変〟で、立った〝体〟としゃがんだ〝心〟に「僕」は引き裂かれている。〈タンポポ〉という曲においては、幾重にも幾重にも分裂の襞が形づくられ、ポップソングと

して の強度が高められる。そして、この分裂の襞は、いくつかの関係性のレイヤーで整理することができる。

❶「僕」という自己の内側のレベル
❷「僕」と「君」という対関係のレベル
❸「僕」と「僕らが隣り合うこの世界」という社会関係のレベル
❹「僕」と「くるくるまわる空と大地」という宇宙関係のレベル

これら四つの段階すべてで、「僕」は統合状態を失っている。「僕」は〝心〟と〝体〟のバランスがとれず、「君」と一つにはなれず、社会とも関係を結べず、宇宙のスピードからも取り残されている。視点やポジションを変えてもまったくの無駄。すべてのレイヤーにおいて、「僕」は世界との一体感を失っており、複雑にからまった分裂の蜘蛛の巣に囚われたままでいる。こうした行き場のなさの認識から、スピッツは出発しているのだ。スピッツが分裂にこだわるのは、そもそも彼らの見ていた世界が完膚なきまでに分裂しきっていたからだ。それでも、夢見ることはやめられない。不可能だとわかっていながらも、願うことは止められない。「真っ赤なセロファンごしに見た秘密の庭を／今も思い出しているよ」というフレーズが、そのやめられなさ、止められなさを証し立てている。

《スピッツ》は、いくつもの分裂に囚われることの絶望と諦念を描き出す作品だった。夢々しい音像の中で、ひたすらに閉じこもる。ひどい絶望のうちで、夢の中にしか安らぎを見出せないような、密室の感触。スピッツの4人は、まだ外側へ自らを晒す準備ができていなかった。だからこそ、売り上げには繋がらなかったが、《スピッツ》は密やかな通路を通って、リスナーの薄暗い感情に触れる。社会に共有できない思いを解放する。スピッツの作品には、デビュー作以降にも優れたものが沢山ある。しかしながら、この《スピッツ》というアルバムしか表現しえなかった暗闇があるのも、また確かなことだ。彼らにその自覚があったかどうかはわからないが、スピッツの表現は、デビュー時においてもっとも薄暗い場所にいた。

以降のスピッツは、密やかな暗闇を外に向けて放つバンドへと、姿を変えていった。意識的に、自らのスタイルを変化させる時期もあった。次章では、彼らの変遷を追いながら、彼らが表現したもう一つの分裂状態、すなわち〝有名〟と〝無名〟の分裂の姿を描出していく。スピッツにとって「名前」とはなにを指すのか。その疑問が、次章の鍵となる。

# 〔第2章〕コミュニケーションについて――〝有名〟と〝無名〟

## 「コミュニケーション不全症候群」

初期のスピッツは、誰とも適切な距離で触れ合えない絶望感を描き出していた。それは、社会を拒絶する、あるいは社会から拒絶されることの痛みだともいえる。と同時に、彼らの楽曲から感受される絶望は、社会全体が抱えていた絶望でもあった。

スピッツがポリドールと契約し、2枚のアルバム、3枚のシングルを発表した1991年に、評論家・中島梓が『コミュニケーション不全症候群』という1冊の本を上梓している。栗本薫の名で多数の小説を書いたことでも知られる中島が、現代に生きる人々を「コミュニケーション不全症候群」と名指し、その特徴をいくつかの兆候から見出した1冊だ。そして、本書で描かれる症状は、初期のスピッツが描いた「完膚なき分裂」と似通っている。

中島は、現代の人々が他者の認識ができなくなっていると記す。他人にぶつかっても意識しない人々、満員電車のドアの前で壁になる人々、倒れている人を無視して通り過ぎる人々、陰湿かつ残虐ないじめ、無分別な殺人。小さい水槽の中の魚は共食いをはじめるのが常だが、人間は本能の壊れた生き物だから殺し合いを許せない。人口過多の状態で生き延びるために、他人に対する不感が芽生える。

現代がコミュニケーション不全症候群の時代である、ということ。それは多すぎる人口密度とせますぎる縄張のなかで、限度をこえた数の魚を入れた時の水槽のようにきわめてパニックをおこしやすい状況になっている現代の社会状況と密接なつながりがあるということ。そしてその過密な水槽のなかで、私たちは本来耐え得る以上の異常な距離感の喪失のなかにおかれ、その結果としてありうべき健全な対人知覚を近い方へも遠さの方に向っても失ってしまっている――あるいはそうしなくては生きて行けないということ〈※1〉。

同時に、発達したマスメディアの中で理想とされるモデルが提示され、そのイメージとの乖離によって人は行き場を失う。他者から離れて仮構した自らの〝家（お宅）〟に耽るおタク（中島の表記に準ずる）、「愛されたい、認められなくてはいけない」という思いから拒食と過食に囚われる女性のダイエット、女性の存在しない男性同士の性愛の世界を描く「ＪＵＮＥ小説」。中島自身が、おタクでもあり、ダイエット実践者でもあり、「ＪＵＮＥ小説」の書き手（名称の由来となった雑誌「ＪＵＮＥ」で連載を持っていた）でもあるという自覚から、一つの内面分析として本書は綴られている。

私たちはみな、小さな「世界」と大きな「世界」に引き裂かれている。人口過多の狭く

〈※1〉
中島梓『コミュニケーション不全症候群』ちくま文庫、1995年、p.264

息詰まる環境に、適応しなくては生きていけない。あるものは自分だけの「世界」をつくって自らを守ろうとする（おタク）。あるものは生存のために「世界」の要請に過剰に応えようとする（ダイエット）。いずれにせよ、他者との心地よい関係がつくれない点で、「僕らが隣り合うこの世界」の中に入れない点で、私たちはみな引き裂かれた「コミュニケーション不全症候群」である。

スピッツは、おタクではないだろうし、切羽詰まったダイエットはしていないだろうし、男性同士の性愛小説は書かないだろう。それでも、彼らは本書の刊行と時を同じくして、「コミュニケーション不全症候群」を歌に宿した。「世界」と切り離された感覚を、草野マサムネは〈タンポポ〉に限らず幾度も声に乗せた。「ちょっとたたいてなおった／でもすぐに壊れた僕の送信機」と歌う〈トンビ飛べなかった〉、「愛と希望に満たされて／誰もかれもすごく疲れた／そしてここにいる二人は／穴の底で息だけしていた」と歌う〈死神の岬へ〉。コミュニケーションのとれない場所で孤独に浸る感触だけでなく、「愛と希望」のイメージで充満した状況の行き詰まり、狭い場所に押し込まれる感覚も描かれる。のんきなメジャーコード、脱力した声の上で、切迫した感情が描かれる。こうしたモチーフは、後年のスピッツの曲にも頻出する。

## 居場所求めさまよった生き物

足を踏まれ　ビル風に流され――――〈ただ春を待つ〉
倒れるように寝て　泣きながら目覚めて
人込みの　中でボソボソ歌う――――〈魔法のコトバ〉
変わった奴だと言われてる　普通の金魚が二匹
水槽の外に出たいな　求め続けてるのさ
僕のりありてぃ　りありてぃ――――〈りありてぃ〉

１９９８年の５拍子で進むサイケナンバーでも、２００６年のストリングスが華美なポップ・ソングでも、２０１３年のパンキッシュなロックでも、居場所がなく、群衆から切り離されて、狭い場所から出られない認識が共通して歌われている。

『コミュニケーション不全症候群』において、中島はコミュニケーションの道具として、テレビのような一方向性のメディアを想定していた。つまり、その後の双方向的なインターネットでのコミュニケーションをまだ知らなかった。にもかかわらず、本書の社会描写を、古いものとして切り捨てることはできない。

いまくりひろげられている状態というのは、要するに少数派だけで成立している社会のようなものだ。それぞれの少数派は社会という多数派の存在を前提としてアンチとして存在する。だがその多数派が存在しなく——というよりもできなくなりつつあるのだ〈※2〉。

「愛されたい」としか考えない「少数派」ばかりになり、「大人のずる賢さとエゴイズムを身につけた無責任な子供」が跋扈する世界。インターネットが広まった現在においてこそ、中島の状況分析は痛切なものとして響く。

### 「マスメディア」と「名前」

中島が時代状況を成立させるものとして強調したのが、「マスメディア」と「名前」だった。

遠い場所にいる大量の人間を繋ぐ「マスメディア」は、距離感の失調に目覚ましい効果を発揮する。近所の住人よりも、テレビやラジオやアニメの中の人物・キャラクターに親しみを覚えるという話は、多くの人に覚えのある現象だろう。この文章を書いている私自身も同様で、幼少期にテレビで見たお笑い芸人やアイドルに強い親しみを感じていた〈※3〉。

〈※2〉
中島梓『コミュニケーション不全症候群』ちくま文庫、1995年、p.308

〈※3〉
戸部田誠は、1980年以降の芸人の親しみやすさが、それまでの「芸」を売るお笑いから、「キャラクター」によって「芸」を成立させるお笑いに変わったことに起因すると述べている。
（戸部太誠『1989年のテレビっ子——たけし、さんま、タモリ、加トケン、紳助、とんねるず、ウンナン、ダウンタウン、その他多くの芸人とテレビマン、そして11歳の僕の青春記』双葉社、2016）

バラエティー番組のように誰かを馬鹿にして笑いを取ることが「カッコいい」態度だと小学生・中学生の私は思っていた。その態度で同級生に接して嫌われるのも、なぜだかわかっていなかった。他者との距離感を知らずに生きていた。

こうした「マスメディア」がもたらしたのは、「名前」の価値の増大だった。遠隔音声・遠隔映像・複製イメージによってつくられる理想のモデルに、人は自らを合わせようとする。モデルに適合すれば大勢に認められるからだ。というか、モデルから外れれば、その人の価値は失われる。テレビや雑誌では、線の細い、若々しい女性が、ファッションモデルとして姿を現す。女優にしてもアイドルにしても、メディアに登場する女性には、痩せていることが求められる。痩せていることで、女性は「名前」を手に入れ、社会から認められる。だから若い女性は、脅迫的にダイエットに向かわざるをえない。ダイエットが健康を害すとしても、やがては加齢が強制的に彼女たちを痩せていて若々しく美しい「モデル」から排除するとしても、生き延びるためにダイエットをせざるを得ないのだ。「モデル」に適合しようとするのは、男性も同じである。私自身がそうであったように、有名人という「モデル」に規範を求め、「モデル」に自らを似せようとする。よくも知らない「モデル」に近づくことが、なによりも大切なのだ。

人々が「モデル」に適合しようとすればするほど、「モデル」の価値は上昇する。「モデル」には「名前」が与えられている。「名前」は知られれば知られるほど、「モデル」の価値が高いことの証明になる。そうなると、「名前」自体に価値が生まれるという倒錯した事態が生じ、人々は「名前」を持つこと、すなわち〝有名〟であることが肝要だと認識するようになる。〝有名〟は大勢に認められることを意味し、〝無名〟は認められないことを意味する。コミュニケーション不全の人間が、距離感を失ったまま「名前」だけを追い求める。その不全状態が2021年現在においてなんら変わっていないことは、おそらく論を俟たないだろう。あらゆるインターネットサービス上で、「名前」は常に祀られつづけている〈※4〉。

### 名前をつけてやる

1991年11月に発売されたスピッツのセカンドアルバムは《名前をつけてやる》と題されている。そう、「名前」である。

性急な律動と暴れ回るワウギターに沿って「憧れるだけで憧れになれなかった」と歌われる〈ミーコとギター〉や、スカスカの空間の中で「鉄の扉こじ開けたら／僕を変える何かがあると聞いた」と寂しげなメロディが漏れる〈胸に咲いた黄色い花〉が含まれるように、本作には「名前を持つ存在になりたい／なれない」という不全の情感が込められてい

〈※4〉
『コミュニケーション不全症候群』と同じ1991年に、フランス文学者・批評家として知られる蓮實重彦が『帝国の陰謀』という本を上梓している。この本はフランス第二帝政（1852〜1870年）を生んだクーデターの影の立役者、ド・モルニー公爵のテクストを読解するなかで、新聞という「マスメディア」の発展と「名前」の価値の増大が同時進行だったことを示している。「マスメディア」と「名前」は、最初から結びついていた。

る。とはいえ、《スピッツ》ほどの閉鎖感覚を持たないこともまた確かだ。

ミニマルな〈ウサギのバイク〉や鋭い駆動感を示す〈日曜日〉、フレンチポップスとジャズの匂いを漂わせる〈あわ〉、さらには初めてオーケストラと共演した〈魔女旅に出る〉と、本作では曲風や音色の幅が広がった。この変化は、本作を一聴した際の開放感の印象に繋がっている。〈ウサギのバイク〉における「ウサギのバイクで逃げ出そう／枯葉を舞い上げて」、〈日曜日〉における「きのうの夢で／手に入れた魔法で／蜂になろうよ」といったフレーズも、開放の印象を強化しているだろう。

《名前をつけてやる》という題は、『コミュニケーション不全症候群』に描かれた〝有名／無名〟の分裂に対応している。しかしながら、本作における「名前」は、大勢に認められる意味での〝有名〟とは異なる。それはむしろ、〝無名〟の存在に勝手に「名前」をつけるふとどきな行為であり、多勢からの承認は必要としない。アルバム表題曲〈名前をつけてやる〉において、名付け行為の様相は明るみに出る。

名前をつけてやる　残りの夜が来て
むきだしのでっぱり　ごまかせない夜が来て
名前をつけてやる　本気で考えちゃった
誰よりも立派で　誰よりもバカみたいな

細かいシャッフルビートを滑らかに刻むアコギとドラムと、這い回るように動くベースとギターの対比は〈タンポポ〉を想起させなくもない。しかし、テンポの速い本曲では倦怠より躍動が優っており、草野の歌もいつもより小気味よく放たれる。ここで「名前をつける」という行為の向かう対象は明らかではない。ただ、「むき出しのでっぱり」というフレーズ、あるいは2番の「ふくらんだシャツのぼたんを引きちぎるすきなど探しながら」というフレーズに表れるように、性的なモチーフが見てとれる。「名前をつける」が性的な行為として曲の中で表れるということは、その行為が密やかさの中にあるということだ。密やかな営みに、スピッツは「名付け」の契機を見出す。

「本気で考えちゃった」というフレーズ、「立派」と「馬鹿みたい」の対比には〃偉大／矮小〃の分裂が込められているだろう。少しサディスティックに高い声を連ねた後に、「はあぁ〜」と気の抜けた声でサビを終結させる歌唱にも、同様の分裂は見てとれる。ここでのスピッツは、分裂した自らの状態を描き出すというより、進んで分裂を引き受けていく主体であるかのようだ。「名付け」の分裂を社会に引き渡さない、密やかな行為の中で〃偉大〃も〃矮小〃もすべて引き受ける歓びが、《名前をつけてやる》というアルバムから聴きとれる。音の中で私たちが出会うのは、いともたやすく流通する社会的な記号としての「名前」ではない。〃有名〃と〃無名〃の分裂を越えるためには、反社会的で密かやかな体験が要請される。「立派」で「馬鹿みたい」な性の体験の内にこそ、「名付け」の歓びが現れるのだ。「名前」は、社会的な分裂を無化するために召喚される、性的に猥雑な突起物である。

## 〝希求〟と〝諦念〟

サードアルバム《惑星のかけら》においては、〈ハニーハニー〉や〈オーバードライブ〉で攻撃的なディストーションギターの音色を試み、〈シュラフ〉のフルートを前面に出したサイケデリック・ロックや、〈波のり〉のヴェンチャーズ風のサーフサウンドなど、今までのスピッツにはなかったスタイルが取り入れられた。くわえて、セカンドとサードの間に出された5曲入りのミニアルバム《オーロラになれなかった人のために》は、管弦楽器とのタッグによって、草野マサムネが新たなソングライティングを開拓する作品だった。サウンド・ヴァリエーションを広げていくこの時期に、草野のリリックも「もう離さない　君がすべて〈魔法〉」「ハニーハニー　隠れた力で飛ぼうよ〈ハニーハニー〉」と、より力強く希望を唱える言葉になっており、デビュー時の閉鎖世界とは違う様相を見せている。そして、性的なモチーフはより増えていく。《名前をつけてやる》以降のスピッツには、社会の力学よりも緊密なエロスに信を置く姿勢がある。そのエロスの在り方については、第7章でもっと言葉を費やすとして、差し当たり今は、歓びや希望とは相反する感情が常に潜んでいることを指摘するにとどめよう。「明日になればこの幻も終わる〈胸に咲いた黄色い花〉」「いつになっても　晴れそうにない霧の中で〈ナイフ〉」「みんな嘘さ　奴らには見えない〈シュラフ〉」といった言葉からもわかるように、必ずどこかで「あきらめ」、諦念が示されている。スピッツにおいて〝希求／諦念〟は、ひとつがいで存在している。

この二つの概念の分裂がもっとも強烈に表れているのが、《惑星のかけら》収録の〈僕の天使マリ〉だ。ラジオのチューニングノイズからはじまる、スネアに細かい強弱をつけていくロカビリー調のツービートとウォーキングベースが軽快に転がっていくこの曲で、愛すべき女性、マリには「天使」という強烈な形容が掲げられている。度し難いほどの夢見がちな思いが「まーりー」という繰り返しの掛け声から響いてくるだろう。そして、〈僕の天使マリ〉のもっとも強烈な感情は2番で訪れる。

朝の人混みの中で泣きながらキスしたマリ
夜には背中に生えた羽を見せてくれたマリ
きっとこんな世界じゃ　探し物なんて見つからない
だけどマリ　マリ　マリ　僕のマリ
もうどこへも行かないで

メロディは牧歌的で、楽器の音色はクリアだが、歌われるのは性愛のドロドロしたぬかるみだ。「背中に生えた羽」を見せるという密やかで甘美な瞬間とともに、「探し物なんて見つからない」という吐き捨てるような〝諦念〟が顔を出す。にもかかわらず、最後には「もうどこへも行かないで」と、これ以上ないほどの恋人への〝希求〟の言葉が口をつく。すべての欲望は虚しく無に帰すると認識せざるを得ないニヒリズムと、世の中のすべてを捨てて愛情の中で生きたい（あるいは死にたい）と希う過度なロマンティシズム。その両極に共通するのは、人々が暮らす世界、つまり社会に対する失望と拒否である。枠で閉じられた愛や希望を、つまり〝有名〟が保証する「幸せ」を押し付けてくる世界のシステムを、ひたすら拒絶すること。その世界で見つけた「名前」を持つ「天使」に向けて、過剰な愛と欲望を注ぐこと。〝諦念〟も〝希求〟も、社会を拒絶する点では共通している。

さらに、軽快なリズムとメロディの上でこの二つの衝動が激しくぶつかる〈僕の天使マリ〉では、ラジオを意識した演出が施されている。20世紀の大衆社会的な装置であるところのラジオ、スピッツが拒絶しているはずの「世界のシステム」の一端を為すメディアから流れる曲として、〈僕の天使マリ〉は機能する。社会の拒絶と社会への流通が矛盾を引き起こしている点にこそ、スピッツのリアリティは存在する。社会から遠く離れた場所に憧れながら、憧れる先のユートピア自体が社会に規定されている。どんなに拒否したところで、コミュニケーション不全とメディアの世界からは逃れられない。その矛盾が、私たちの生の条件だ。出口なしの矛盾した世界で、私たちは生きていかなくてはいけない。初期のスピッツは、世界の条件を示しながら、その条件下で生を続けるための快楽や抒情を音と言葉で体現している。

## キャリアにおける大きな変化

スピッツはこの後、日本の〝有名〟バンドとして広く認知される運命を辿ることになるが、そこまでの道のりはかなり苦難の多いものであっただろう。1993年までのスピッツは、まったくといっていいほど売れなかった。売れないままで、ずっと活動を続けられるわけではない。三輪テツヤと田村明浩は、この時期にロードアンドスカイの高橋から、「何も成長していない」「このままじゃ先はない」と、厳しい言葉を投げかけられている〈※5〉。草野もロードアンドスカイに対して、「浜田省吾さんが一生懸命稼いだ分を俺らが食いつぶしているんじゃないか」という罪悪感のような感情を抱えていた〈※6〉。スピッツは、活動を続けられるかどうかの、大きな危機に立たされていた。

初期のスピッツはかなり自由に活動をやらせてもらったと草野マサムネは語っている。アルバムはセルフ・プロデュースで、ジャケットにメンバーを映さないという（当時としては珍しい）意向も受け入れられた。本人たちにとってありがたい状況だったが、自分た

〈※5〉
スピッツ『旅の途中』幻冬舎、2007年、p.124～129

〈※6〉
スピッツ『旅の途中』幻冬舎、2007年、p130

ちの活動に、スタッフの生活がかかっていることも意識するようになっていた。それに対する責任として、自由にやらせてもらえていることの恩返しとして、もう少し売れないわけにはいかない。草野はそのように考えるようになったという〈※7〉。

そこで、スピッツははじめて外部のプロデューサーを受け入れた。笹路正徳である。彼はプリンセス・プリンセスやユニコーンといったバンドの成功に貢献したプロデューサーとして知られていた。笹路はスピッツのメンバーより一回り年上の1955年生まれ。スタジオ・ミュージシャン、アレンジャーとしてキャリアをはじめ、長戸大幸と知り合い初期のビーイングに参加。20代中盤からプロデューサー業に関わってきた。

スピッツ（1993）《Crispy!》UNIVERSAL MUSIC, POCH-1270.

笹路との共同作業でできたアルバム《Crispy!》は、あからさまな変化を示していた。まず、ジャケットに草野マサムネ本人がネイティブアメリカンの格好をして映っている。スピッツのメンバー本人が表に映っているアルバムは、現在までこの1枚しかない。今まで忌避していたことをあえてやっているわけだ。

そして、本作ではバンド以外の音が増加している。音が増えているだけでなく、それらが一番目立ってさ

〈※7〉
スピッツ『旅の途中』幻冬舎、2007年、p.130～134

えいる。〈裸のままで〉〈ドルフィン・ラヴ〉ではファンクを意識したホーン隊がイントロから前面に出ている。〈クリスピー〉〈君が思い出になる前に〉〈夢じゃない〉ではキーボードの音が聴こえるようになった。〈夏が終わる〉ではホーンと共にストリングスもパーカッションも加わっており、メジャーセブンスとマイナーセブンスを多用した洒脱なポップサウンドを聴かせている。〈黒い翼〉の後半に加わるゴスペルコーラスも、今までのスピッツではあり得なかったアレンジだ。代わりに、《惑星のかけら》までは特徴的だった激しく歪ませたギターがほとんど聴こえなくなった。端的にいって、スピッツが「Jポップ」化しているのだ。

さらに、コード進行に関しても変化が生じる。それまでのスピッツのコード進行はかなりシンプルで、ダイアトニック環境（キーの音階内）から外れる音をあまり使っていなかった。このアルバムでは、少し複雑なコードを混ぜて作曲している。モダンジャズや、ジャズに影響を受けたポップス（たとえばスティーリー・ダンやスティーヴィー・ワンダー）のように凝ったものではないものの、「今までとは違う」と感じさせるには十分な変化だった。

コード進行の変化は、1曲あたりの使用コード数にも現れている。《惑星のかけら》までの4作のアルバムの1曲平均コード数は8・7個（《スピッツ》が8・1、《名前をつけてやる》が7・4、《オーロラになれなかった人のために》が11、《惑星のかけら》が9・

6）なのに対し、《Crispy!》は12・2個だ。「コードの多さ＝和音構造の複雑さ」とは必ずしも言えないが、一つの参考指標としては有効だろう。〈ヒバリのこころ〉や〈田舎の生活〉のように5つのコードだけでできている曲は《Crispy!》にはなく、一番コード数の少ない〈夢じゃない〉（8個）以外のすべての曲で10以上のコードが使われている。もっともコード数が多いのは〈君が思い出になる前に〉の18個で、この曲は2度のセブンスコードが（5度のセブンスコードのセカンダリードミナントとして）使われていたり、2回目のサビ後のギターソロのパートで転調があったりと、今までにない展開が楽曲に用意されている。そもそも、〈君が思い出になる前に〉のように「Aメロ、Bメロ、サビ」の構造を持つ曲はそれまでのスピッツには少なく、二つのパート（AメロとBメロ）の組み合わせという、欧米のポップソングやロックンロールの基本的なフォーマットを踏襲していた。Jポップの楽曲構造は一般的に欧米のポップミュージックよりもコード数が多く、展開も多い。音だけでなく、曲の構造もJポップに近づいていることがわかる。スピッツは、明確に「日本で売れる」ための音楽をつくろうとしたのだ。

〈君が思い出になる前に〉は、詞においても新たな側面を示した曲だ。「明日の朝　僕は船に乗り　離ればなれになる／夢に見た君との旅路は　叶わない」と、船出に伴う「君」との別れという、わかりやすい、通俗的とも感じられる物語が描かれている。「君が思い出になる前にもう一度笑ってみせて」というサビのフレーズにも、不可思議なところやイメージの飛躍がない。一般的に受け入れられやすいラブソングに、「君の耳と鼻の形が愛しい」「忘れないで　二人重ねた日々は／この世に生きる意味を　越えていたことを」といったエロティックな具体性や強烈な超越性を重ねることで、初期スピッツとJポップの間に、適切な場所を見出そうとしている。

〈君が思い出になる前に〉を聴いて如実にわかるのが、草野マサムネのボーカリゼーションの変化だ。Bメロでの「きっとぼくら」の「ぼー」の部分、「二度と　これからは」の「とー」と「はー」の部分は高音のロングトーンになっており、今まではないほどに声が前面に出ている。キーは高く設定され、ビブラートは安定し、歌詞も明確に聞きとれるようになった。聴きやすくインパクトもあるという意味で、草野マサムネの歌の技量は明らかに上がっている。

草野はその頃まで、自分の歌に自信がなかった。グランジやオルタナティブ・ロックのぼそぼそした歌い方を好んでいた彼は、自身のハイトーンの声を好ましく思っておらず、《惑星のかけら》ではキーを低めに設定して歌っていた（それでも一般的な男性にとっては十分高い音域だが）。笹路正徳は、草野に対して「キーの高い声こそが持ち味」だと伝えたという〈※8〉。その意見に準ずるように、《Crispy!》、そしてそれ以降の草野は高いキーを活かす楽曲を書くようになるし、歌唱法にも変化が生まれた。

〈裸のままで〉〈君が思い出になる前に〉の2枚のシングル曲では、デビュー曲の〈ヒバ

〈※8〉
スピッツ『旅の途中』幻冬舎、2007年、p.137〜139

リのこころ〉以来はじめてミュージックビデオもつくられた。やれることは、すべてやった。スピッツの4人、とくに方向転換を意識していた草野マサムネはそのように感じていたことだろう。

## 「5万人が聴くような音楽じゃないと思いません？」

結果として、《Crispy!》の売上げは芳しくなかった〈※9〉。せっかく今までのスタイルを無理矢理変えてまで売れることに挑戦したのに、結果が伴わなかったのだ。メンバーは相当に落ち込んでいた。古いファンが離れて、新しいファンもこない。そんな最悪の状況になってしまったのではないかと、不安に怯えたという。結局自分たちはマイナーな、端っこでしか生きられない人間なのではないか。そのような疑念も強くなっていった〈※10〉。

しかし、勢いのある〈裸のままで〉の反応が薄かったにもかかわらず、アルバム発売後にシングルカットした〈君が思い出になる前に〉が、思いのほかセールスを伸ばすことになった。草野が目標にしていた「オリコンチャートに入る」が、この曲の33位で達成された。

1994年には5枚目のアルバム《空の飛び方》を発表。極端に売れるポップスを意識

〈※9〉スピッツ『旅の途中』幻冬舎、2007年、p.145

〈※10〉スピッツ『旅の途中』幻冬舎、2007年、p.145〜146

した《Crispy!》から軌道修正し、シンプルなバンドサウンドに立ち返った。荒々しくシュールなスピッツと、ポップス的に洗練されたスピッツとのバランスを取った形だ。結果的に、《空の飛び方》はオリコンチャートで最高14位を獲得（※11）。草野マサムネはこの結果を受けて「これで極めたな」と思ったと語っている。充実したアルバムが完成し、それが広く受け入れられた。「売れる」という目的は十分に達成された。これ以上売れるとは思ってもいなかったし、望んでもいなかった（※12）。

〈ロビンソン〉が完成したとき、「また地味な曲ができちゃったな」というのが作曲者である草野マサムネ本人の感想だった。一緒にレコーディングした〈俺のすべて〉のほうに勢いがあり、こちらをA面にする案もあったそうだ（結果的にシングルカップリング曲となる）。だが〈ロビンソン〉が1995年4月5日に発売されると、スピッツの作品で初めてオリコンベスト10に入り（9位、のちに最高4位）、以降も数カ月にわたりベスト10にとどまり続け、最終的に売り上げ160万枚以上を超える大ヒットシングルとなった。スピッツの名は世に広く知れ渡ることになり、7月に発売された次のシングル〈涙がキラリ☆〉も100万枚近いセールスを達成する。この時点で、スピッツは日本有数の人気バンドとなってしまった。ブレイク後しばらく、メンバーたちに売れた実感はなかったが、ある日スタッフのひとりが過労でダウンする。メディア露出や取材のオファーが爆発的に増える中で、受ける仕事を絞るのに腐心していたスタッフだった。メンバーが淡々とライ

（※11）
のちに、収録曲の〈空も飛べるはず〉が1996年1月からフジテレビ系のドラマ『白線流し』の主題歌に起用されたことで、アルバムも最高4位を記録。

（※12）
スピッツ『旅の途中』幻冬舎、2007年、p.166

ブとレコーディングに集中できたのも、スタッフたちの努力によるものだったのだ。スピッツをめぐる状況は確実に変化していた。デビュー当初の草野マサムネは「僕らは（スタジアムで：筆者注）5万人が聴くような音楽じゃないと思いません？（笑）」とインタビューで語っていたが、本当に5万人の前で演奏できるバンドになっていた〈※13〉。

〈※13〉『スピッツ』ロッキング・オン、1998年、p.25

### 裏街道

〈ロビンソン〉以降、スピッツは日本で随一の人気を誇るバンドとして、今に至るまで活動を続けてきた。1993年に解散の危機に立たされていたバンドが、そこから30年近く生き延びたのだ。とはいえ、ブレイク以降のスピッツには〝有名〟になってしまったが故の困難が待ち構えていたのだが、その詳細は別章に譲ろう。ここでは、彼らが世間に広く知られてからも表舞台に表れない〝無名〟の精神を保つためにとった、一つの手段を示したい。

1993年3月にスピッツは、シングルのB面、インディーズ時代の音源、他のミュージシャンへの提供曲のセルフカバーなどで構成されたスペシャルアルバム《花鳥風月》を発売する。表看板となるシングルA面曲ではなく、スポットライトの当たらないB面曲でキャリアを振り返る作品集だ。過去発表曲のコレクションであるにもかかわらず、《花鳥風月》には一つのトータルな作品としての一貫性がある。本作の仮タイトルは《スピッツ／裏街道》だった〈※14〉。「裏街道」に、表からは見えない、はぐれものとしての表現を続けてきたバンドの特性が表れている。辺見えみりに提供した〈流れ星〉にしろ、B面曲の〈俺のすべて〉〈猫になりたい〉〈コスモス〉にしろ、インディーズ時代の〈おっぱい〉〈トゲトゲの木〉にしろ、密やかな感覚や共有できない感情を歌っている。〈流れ星〉では「僕にしか見えない地図を／拡げて独りで見てた」という歌い出しに示されるように、ひとりぼっちで夢想に浸る密やかな状況が幻想的なギターと共に表現される。〈おっぱい〉では、「僕は君の体じゅうに泥をぬりたくった」「君のおっぱいは世界一」という歌詞からもわかるとおり、セックスのむき出しな描写が草野マサムネの寂しげな声に乗って描かれる。荒々しくシュールで、コミュニケーション不全の暗闇を描いた初期のスピッツの特徴が、B面曲や未発表曲には率直な形で表出している。

B面集を出したことは、当時日本の音楽産業内でベストアルバムが大きなセールスを生んでいたことへの反発の意味もあった。1997年頃から、GLAY、B'z、サザンオールスターズ、松任谷由実、安室奈美恵などのベストアルバムが数百万枚の売り上げを記録している。当時の人気ミュージシャンが誰もかれもベスト盤を出すような状況にあり、スピッツはそうした状況に対するアンチテーゼとしてB面集を出すことを考えていた〈※15〉。つまり、彼らは〝有名〟な曲より、人に知られていない〝無名〟の曲たちで、自らの姿勢

〈※14〉
《花鳥風月》のCD特典「スピッツ／花鳥風月特別対談」における草野の発言参照。

〈※15〉
スピッツ『旅の途中』幻冬舎、2007年、p.243

と態度を示そうとしたのだ。

ところが、「ベスト盤を出すときは解散する時だ」〈※16〉と発言するまでにベストアルバムに抵抗を示していたスピッツのメンバーの意向とは関係ないところで、スピッツのベスト盤の発売が決まった。レコード会社が独断で決定したことである〈※17〉。1998年にスピッツが所属していたポリドールがユニバーサルに合併され、ユニバーサルは世界最大のレコード会社となった。その影響もあったのだろう。スピッツ4人はそれぞれ複雑な思いを抱えながら、決定を受け入れるしかなかった。とはいえ、《RECYCLE》（再利用）という皮肉めいたアルバムタイトル、〈君が思い出になる前に〉以降のシングルを発表順に並べたそっけない選曲には、せめてもの抵抗の態度が表れている。

ただ、ここで興味深いのは、ベスト盤が出ると聞かされて怒ったり戸惑ったりしていたメンバーをよそに、草野マサムネだけがそれを平然と受け入れていたことだ。

「スピッツのベスト盤が出ることになった」と高橋（信彦：筆者注）さんから言われた瞬間、俺は正直、拍子抜けしていた。スピッツを取り巻く音楽ビジネスの状況を見ていれば「そういうこともあるかもな」と思っていたから〈※18〉。

このように当時を振り返る草野の言葉を読むと、彼がビジネスに対して現実的な考えを

〈※16〉
スピッツ『旅の途中』幻冬舎、2007年、p.244

〈※17〉
スピッツ『旅の途中』幻冬舎、2007年、p.242

〈※18〉
スピッツ『旅の途中』幻冬舎、2007年、p.248

持っていることがわかる。レコード会社の合併などの動向を把握して、自分たちに起きたことを受け入れる。スピッツを取り巻く経済状況に意識がなければとれない態度だ。

思えば、《惑星のかけら》までのスピッツが売れないことに危機感を示したのも草野だった。1992年は浜田省吾の曲がフジテレビのドラマに使用され、大ヒットを記録していた年だから、ロードアンドスカイの経済状況はよかったと推測される。そんな事務所の好景気にあぐらをかいているような状況を、草野はよしとはしなかった。周りの人々の助けに報いるために、お金を稼ぐ必要があると考えた。

これらのビジネスに関わるエピソードからわかるのは、彼が周囲とのコミュニケーションに重きをおいているということだ。近しい人々との関係をおろそかにせず、彼らのために収益を得る。反資本主義的なロックの言説の中でしばしばビジネスは目の敵にされるが、草野にとってそれは他者への責任なのだ。スピッツの楽曲の中では社会への嫌悪や自閉した感覚を歌っていた草野だが、実際の活動においては、社会や他人に開かれた態度を示している。表現と活動を重ねてみると、草野マサムネという人間の中の分裂がクリアに見えてくる。

## 「おるたな」としてのスピッツ

オリジナルアルバム未収録曲で構成された、スピッツが名付けるところの「スペシャルアルバム」は、《花鳥風月》の後にも《色々衣》（2004年）《おるたな》（2012年）と2枚発表されている。特筆すべきは、2011年以降に発売された最初のアルバムである《おるたな》だろう。

スピッツの活動の中で現実主義的な態度を示す草野だが、それは彼が現実の出来事に強い耐性を持つことを意味しない。2011年3月11日の東日本大震災の直後、草野マサムネは急性ストレス障害で倒れている。「今回の大震災の地震自体の体験したことのない大きな揺れ、続く余震、想像を絶する被害の甚大さ、その悲惨すぎる現実が連日連夜メディアで報道され続けること、福島第一原子力発電所の深刻な状況など、それらすべてを感じ、目の当たりにし続けることで、本人に急激な過度のストレスが襲いかかってしまい、精神的な障害にまで発展してしまった」というコメントが発表され、4月のライブをいくつか延期することになった。「メシがまったく食えなくなっちゃった」とも語っており、震災による精神的影響の大きさが垣間見れる〈※19〉。震災の影響は、多かれ少なかれどのような作家にも及んでいただろうが、スピッツの場合はフロントマンが身体に強い衝撃を受け

〈※19〉
「音楽と未来――自分の歌を聴きたいって言ってくれる人がいる限りは」The Future Times、http://www.thefuturetimes.jp/archive/no05/kusano（2021年9月20日参照）

ていた。そして、作品にも確実な変化が生じた。

《おるたな》に収録されているほとんどの曲は2011年以前に録音されたものだが、どこか3・11に対する応答のように感じられる。2010年のアルバム《とげまる》が鍵盤楽器やストリングスの目立つポップスを志向していたのに対し、このアルバムでは荒々しくシンプルなバンドサウンドのスピッツが顔を出している。《おるたな》にはカバー曲が多数収録されているのだが（奥田民生〈さすらい〉、荒井由実〈14番目の月〉、原田真二〈タイム・トラベル〉、初恋の嵐〈初恋に捧ぐ〉、はっぴいえんど〈12月の雨の日〉、花＊花〈さよなら大好きな人〉と、13曲中6曲を占める）、〈14番目の月〉のハードなギターと力強い3拍子、〈12月の雨の日〉の重たくうねるリズム隊、〈タイム・トラベル〉のサイケ感覚などには、初期のスピッツを思わせるひねくれた情感が渦巻く。

「おるたな」とは英語の「オルタナティブ（alternative）」で、「もう一つの選択肢」のことを指している。第1章でも触れたように、1990年頃から、「オルタナティブ・ロック」と呼ばれる新しいスタイルのロックバンドが英米で現れた。激しいギターの音で社会への違和感や孤独な夢想を表現したダイナソーJr.やライドのようなバンドは、初期のスピッツの雛形となった。オルタナティブ・ロックと、日本の歌謡曲～ポップスの特徴を混ぜた様式が、スピッツの音楽の特性である。《おるたな》というひらがな表記は、「洋楽」と「邦楽」のあわいにたたずむ彼らの感性を的確に表現している。

２００４年の《色々衣》には〈スターゲイザー〉〈夢追い虫〉といったシングル曲も収録されていたが、《おるたな》はカバー曲以外すべてカップリング曲だ（正確には〈テクテク〉は〈春の歌〉と両A面扱いだが、１曲目に収録されたのは後者で、知名度にも差がある）。ウェルメイドなシングル曲を多く発表していた時期のスピッツにとっての〃無名〃の「裏街道」性が、《おるたな》には強く出ている。最終曲〈オケラ〉の、スタジオの壁の反射音もそのまま残したかのようなドラムの迫力は、スピッツのほかの曲にはなかったものだ。そして、《おるたな》で示した音の荒々しさは、東日本大震災と福島第一原子力発電所で明るみになった、日本社会の偽善と隠蔽体質へのアンチテーゼとして響く。もちろん、作品と社会がすべて直接的に結びついているわけではないのだから、作品の特徴を社会の事象と短絡的に結びつけるのは慎まねばならない。しかしながら、２０１０年の《とげまる》と２０１２年の《おるたな》の間の大きな変化には、２０１１年の分断線を感じないわけにはいかない。草野マサムネの身体が震災後に強い反応を示したこと、２０１３年のアルバム《小さな生き物》が《おるたな》寄りのシンプルな音触だったことを思えばなおさらだ。

興味深いのは、３・11に対する応答が、２０１１年より前に録音されたカバー曲中心のアルバムで為されたことだろう。スピッツは、生き残るために社会に開いていく道を選択したバンドだ。バンドを続けるために、彼らは自らのサウンドを大きく変えた。ポップス寄りの楽曲の中でも、彼らは社会で共有できない感情や欲望を、コミュニケーション不全の感触を、密かに忍ばせた。楽曲に分裂を取り込み、裏街道の歩みを示すことによって。

社会的に知られる過去の有名曲のカバーに、共有され得ないひねくれた感触や激しい情感が残るということも、スピッツの分裂性を示しているだろう。スピッツの「裏街道」アルバムである《おるたな》は、名前のないものに名前を与える、彼らの変わらない姿勢が表れた作品である。それ故に、〝無名〟の存在を潰そうとする社会への、潜在的な拒絶表明にもなり得たのだ。

ここまで、〝個人〟と〝社会〟、〝有名〟と〝無名〟という分裂を軸に、スピッツの楽曲と社会との関係を描いてきた。次章は、スピッツの音楽により踏み込むために、楽曲のサウンドに絞って、彼らの歴史を追うことにする。

# 〈第3章〉サウンドについて――〝とげ〟と〝まる〟

## 音楽リスナーとしての「とげまる」

２０１０年に発売されたスピッツ13枚目のアルバムのタイトル《とげまる》は、スピッツの楽曲の分裂性を端的に表している。攻撃的で、痛みがあって、性的に突起した〝とげ〟の性質と、柔らかく、痛みを抑えるような、無性で丸っこい〝まる〟の性質。スピッツは、常にその両極を表現しようとした。

しかしながら、彼らが〝とげ〟と〝まる〟の間で、いつでもバランスがとれていたわけではない。不全の痛みを抱えた初期の作品では〝とげ〟が先行していたし、大きく変化を遂げようとした《Crispy!》は〝まる〟を思い切り強調したきらいがある。〝とげ〟と〝まる〟のバランスがとれた《空の飛び方》がその後のスピッツのサウンドの基本となったのは前述のとおりだ。しかし、そこからも彼らの音は迷い続ける。スピッツが両極の間でどのように揺れ続けてきたか。その軌跡をなぞるために、まずは彼らの音楽的影響・参照元から話をはじめたい。

音楽家の音楽への接し方はそれぞれで、プライベートでは他人がつくった音楽を聴かないという人もいる。一方スピッツのメンバーは、自らの作品以外にも積極的に耳を傾けるタイプだと言っていいだろう。インタビューでも他ミュージシャンの作品への言及は見られるし、ファンクラブ会報では毎回メンバー4人の最近聴いている作品が掲載されている。2018年から放送されている「SPITZ 草野マサムネのロック大陸漫遊記」は、一つのテーマ（たとえば「ディスコビートのロックナンバーで漫遊記」「北海道のロックバンドで漫遊記」「sus4イントロで漫遊記」など）に沿って草野が毎回6～7曲を選曲する1時間番組だが、この番組が成立すること自体が草野のリスナー体質を表しているだろう。

スピッツは熱心なロックリスナーとして、時に過去のロック・ミュージックからの引用を行う。2007年、12枚目のオリジナルアルバム《さざなみCD》収録の〈群青〉のイントロは、長く人気と影響力を誇るイギリスのニューウェーブバンド、ザ・キュアーの〈Friday I'm In Love〉のイントロと似ている。《名前をつけてやる》収録の〈胸に咲いた黄色い花〉のイントロは、こちらもイギリスのニューウェーブバンド、XTCの〈Mayor of Simpleton〉のフレーズと類似している。おそらくどちらも意識的な引用だろう。繰返しになるが、彼らは70年代後半～90年代前半のニューウェーブ～オルタナティブ・ロックのバンドから明確に影響を受けている。ニューウェーブとは、パンクロックの後にイギリスを中心に出てきた様々なスタイルのバンドの総称だ。ロックンロールへの原点回帰運動であり、誇大化したロックビジネスへのアンチテーゼとして登場したパンクのあとで、多様なアイディアとサウンドを武器にした（多くの場合、演奏力の弱い、時には楽器のずぶの素人たちの）一連のミュージシャン、バンドたちのことを指す。彼らはレゲエ、ダブ、アフリカンビートなどの非西洋圏の音楽文化の導入（ザ・スペシャルズ、ザ・ポップ・グループ、スリッツなど）、当時技術革新のめざましかった電子機材の活用（ウルトラヴォックス、デペッシュ・モード、ヤズーなど）、実験音楽やノイズとの接触（ディス・ヒート、スロッビング・グリッスル、キャバレー・ヴォルテールなど）、ポップスの再定義（XTC、エルヴィス・コステロ、ザ・スミスなど）、ギターサウンドの拡張（エコー・アンド・ザ・バニーメン、ギャング・オブ・フォーなど）、死や孤独をモチーフにしたダークなイメージへの接近（ザ・キュアー、スージー・アンド・ザ・バンシーズ、バウハウスなど）といったような、ありとあらゆる方向へ表現を推し進めていった。

そうした実験の数々はやがて類型化して勢いを失うが、ハウスやテクノといったダンスミュージックの発展、あるいはハードコアパンクシーンの熟成に後押しされて、より躍動感のある、より力のこもった音像を示すバンドが80年代後半の英米から現れる。イギリスのザ・ストーン・ローゼズやプライマル・スクリーム、アメリカのジェーンズ・アディクションやダイナソーJr.など、いわゆる「オルタナティブ」なバンドたちである。スピッツの音楽性の基礎はこれらのバンドの系譜に置かれるだろう。大衆音楽との距離感、ギターサウンドへのこだわり、楽曲や歌詞にずらしを入れずにはいられない反射神経などからは、ニューウェーブ～オルタナティブの匂いをかぎとることができる。そんなバンドの中でも、シューゲイザーの様式を持っていたライドをスピッツが一つのモデルとしていたのは先述のとおりだ。

## 影響の二面性

同時に、スピッツは上記のバンドやミュージシャン、あるいは彼らを取り巻くメディアや評論がつくるヒエラルキーの磁場から、距離を取っている。ニューウェーブ以降のバンド周辺には、パンクから受け継いだ反資本主義の思想や、音楽における進歩主義と実験精神を支持する立場から、より保守的に響く人気バンドを否定していた傾向がある。日本の音楽メディア「ロッキング・オン」の主宰、渋谷陽一はジャーニー、ボストン、フォリナーといった、70年代後半にポピュラリティを獲得していたアメリカのロックバンドたちに「産業ロック」という蔑称を与えた。「産業ロック」は「アヴァンギャルドな試み」が一切ない「動脈硬化した」ロックであり、ロックの歴史を「すべてご破産にしてしまうような不安」を与えると難じた〈※1〉。

スピッツは、大衆的な人気を得ていた。そうであるがゆえにパンクやニューウェーブの支持者から批判されていたバンド、ミュージシャンからの影響も隠さない。そのことが示されている例として《さざなみCD》収録の〈Na・de・Na・de ボーイ〉が挙げられる。

〈※1〉
渋谷陽一『ロック微分法』ロッキング・オン、1984年、p.44～50

立体的なドラムの拍音が先導する、アップテンポなポップソングである当曲の特徴的なギターリフは、マンチェスターで活躍したイギリスのオルタナティブなバンド、ノースサイドの1991年の代表曲〈Take 5〉を連想させる。それと同時に、このギターリフは、産業ロックと揶揄されていたバンドの一つ、ボストンが1976年に発表したヒット曲〈More Than a Feeling〉のサビ部分のフレーズも同時に思い起こさせる〈※2〉。どちらが元ネタか、はたまたたまたま似通っただけか、音源に耳を澄ますだけでは判断できない。ただ、草野マサムネが「ロック大陸漫遊記」で〈More Than a Feeling〉をかけていた事実は言及してもよいだろう。〈More Than a Feeling〉は、前述のギターリフに加えて、イントロのギターのアルペジオ、印象深い反復のメロディなど、スピッツに通ずる特徴をいくつか有している。とはいえ、〈Take 5〉の跳ねるビートや気怠い歌唱などもスピッツを想起させるものだ。結局のところ、スピッツは「産業ロック」もオルタナティブ・ロックも聴いていて、両方への愛着を隠そうとしなかったということだけが確かになる。

同じような例として、《惑星のかけら》収録の〈日なたの窓に憧れて〉のイントロから繰り返されるシンセのメロディのループは、ギターノイズの可能性を追求したシューゲイザーバンドの代表格として神格化されている、マイ・ブラッディ・ヴァレンタインの〈Soon〉のシーケンスフレーズを思わせる。一方、70年代からヒットソングを連発し、日本武道館公演のライブアルバムも有名なアメリカのポップバンド、チープトリックの〈Surrender〉

〈※2〉

草野マサムネは、《三日月ロック》以降スピッツのプロデュースを多く手がける亀田誠治とのエピソードとして、「ボストンいいよね」という会話ができたことがよかったと語っている。「ボストンなんて産業ロックのバンドをいいよねって、仮にもパンクとかが好きでバンドを始めた人間としてはあまり言えない言葉なんですよ」。

（「草野マサムネが語る、ニュー・アルバム『三日月ロック』へと至るスピッツ・サウンドの変遷」『サウンド&レコーディング・マガジン』2002年10月号、p.52～53）

のキーボードのメロディにも似ている。そして、草野マサムネは両者からの影響を公言しているのだ〈※3〉。

また、スピッツのメンバーはアイアン・メイデンやマイケル・シェンカー・グループ、あるいは日本のラウドネスやアースシェイカーなど、「ハードロック／ヘヴィメタル」に位置付けられるバンドも愛好していた。こうしたバンドは高い演奏技術と派手なアクションで人気を博したが、同時に「産業ロック」のバンド同様、実験性と知性を欠いたロックとして批判されてもいた。〈オーバードライブ〉や〈不死身のビーナス〉といった曲におけるギターのチョーキングと速弾き、タメのあるベースとドラムのコンビネーションからは、ヘヴィメタルの影響を感じとることができる。

「ロック・ミュージック」という、懐が広いと同時に身勝手な、反商業主義であると同時に極めて商業的な、反差別的であると同時に白人至上主義的な、いかがわしいほどの分裂を抱え込んだ音楽文化に、1970年代後半に青春期を迎えようとしていた4人の日本人は強い愛着を抱き、20代に差し掛かる頃に一つのロックバンドを組んだ。60年代に広がったロック・ミュージックは、80年代には多様な様相を示していた。先鋭と前衛を目指すニューウェーブ〜オルタナティブと、親しみやすさと商業的成功に特徴付けられる「産業ロック」やヘヴィメタルとの乖離は、多様化の象徴的な顕れである。前者が〝とげ〟で後者が〝まる〟だとすれば、スピッツの音楽は影響元からしてすでに「とげまる」と名付け

〈※3〉
「SNOOZER」#20 2000年8月号「草野マサムネが選ぶ「スピッツを作った10枚」p.56〜57

うる特徴を有していたのだ。

## パンクとサイケ

また、スピッツは「パンク」と「サイケ」双方からの影響を楽曲ににじませている。この二つもそもそもは対立項だった。「サイケ」、つまりサイケデリック・ロックは、60年代後半の、アメリカ西海岸発のヒッピーカルチャーを背景とした音楽ジャンルである。現実とは別の「ここではないどこか」を探る音楽として、ドラッグ（主にＬＳＤ）の使用とともに広がっていった。インド音楽への接近、エフェクターを駆使したギターサウンド、迷幻的な律動感覚などを特徴とするロックを奏で、束縛のない自由な世界を夢想した。そうしたサイケデリック・ロックを否定したのが、70年代中盤以降、急速に注目を集めることになるパンク・ロックだった。大きな社会運動を伴った熱い60年代が過ぎて、行先の不透明な70年代を生きるアメリカとイギリスの若者にとって、サイケのスタイルは楽観的で退屈な過去の遺物だった。代わりに、彼らは刹那主義でやけっぱちなパンクのスタイルを生み出した。パンクは暴力的な音と性急な拍動感で、時に個人の不満や快楽について喚き散らし、時に悪意とブラックジョークを吐きかけ、時に格差や人種差別への怒りを叫んだ。単純明快さと速度と言葉の力に賭ける動きは、世界各地にも飛び火していき、多くのバンドを生み出す。その果てに、様式化したパンクのスタイルをパロディ的ともいえる形で扱いながら、あえて幼稚ともとれる平易な日本語を使用し、新たな音像と意味を発明したザ・ブルーハーツ（中心人物の2人、甲本ヒロトと真島昌利は元々パンクのコミュニティよりネオモッズのシーンに近しかったが）のようなバンドが生まれた。ザ・ブルーハーツは80年中期以降、日本のバンドに多大な影響力を発揮する。スピッツもザ・ブルーハーツから強い影響を受けたバンドの一つだった。当時はライブハウスにブルーハーツフォロワーのバンドが溢れていたため、スピッツはしばしば出演していたライブハウス、渋谷ラ・ママのブッキングマネージャーから「ブルーハーツみたいなバンドをやっていても未来はない」と厳しい言葉を投げかけられている〈※4〉。

ザ・ブルーハーツとは違う音楽を鳴らすため、草野マサムネはアコースティックギターを演奏するスタイルを選択した。彼はその時、60年代から活躍するイギリスのシンガーソングライター、ドノヴァンを参考にした。ドノヴァンは60年代後半、ビートルズの盟友として、インド文化に薫陶を受けたり、カラフルなジャケットのレコードを拵えたりと、迷幻的なサイケデリックカルチャーの流れの中にいた。甘い歌だが、どこかねじれた感じの入るスピッツのスタイルは、ドノヴァンとも共通性を感じさせる。スピッツはドノヴァンのほかにも、バーズやラヴ、スピリットといったサイケデリック・ロックのバンドから影響を受けている。三輪テツヤのギターはバーズとラヴを想起させるアルペジオのプレイを

〈※4〉
スピッツ『旅の途中』幻冬舎、2007年、p.60

多用するし、田村明浩の作曲した〈ほうき星〉〈俺の赤い星〉といった曲も迷幻的な曲調を有している。そのほかにも、〈シュラフ〉（1992年）、〈ただ春を待つ〉（1998年）、〈エスペランサ〉（2013年）など、スピッツはキャリアを通じて、サイケを感じさせる曲を発表している。それと同時に、〈待ち合わせ〉（1991年）、〈花泥棒〉（1996年）、〈けもの道〉（2002年）、〈1987→〉（2017年）などの、シンプルな構成と性急な拍動のパンクナンバーも、アルバムごとに作成している。かつては敵対するイデオロギーを有していたサイケデリック・ロックとパンク・ロックの混在も、スピッツの楽曲の〝とげ〟と〝まる〟の両立に結びついている。

「オルタナティブ」と「産業」の分裂、「パンク」と「サイケ」の分裂、さらには「洋楽（ロック）」と「邦楽（歌謡曲）」の分裂。あらゆるジャンル的分裂を結びつける志向が、スピッツの音楽を形づくっていったのだ。

## 《ハチミツ》の充実、その後の苦渋

〝とげ〟と〝まる〟の間で、ちょうどいい位置をその都度探っていく試行錯誤の連続がスピッツの道程となる。93年の《Crispy!》は、可能な限りJポップのサウンドにスピッツを近づけたアルバムだった。そこである程度の手応えをつかんだ彼らは、第2章でも述べたとおり、次作《空の飛び方》で、もともとのスピッツの特性と新しく獲得した要素を混ぜ合わせていく。《Crispy!》で目立ったホーンやキーボード、ストリングスといったバンド以外の音は控えめになり、ギターのディストーションがよみがえった。〈たまご〉〈迷子の兵隊〉〈不死身のビーナス〉といった曲では三輪テツヤのエレキギターが1曲を通して活躍しており、ヘヴィメタルとオルタナティブ・ロックの混じった歪んだギターと、ニューウェイブやギターポップを経由したアルペジオを組み合わせる三輪のプレイの基本路線はこのあたりで確立する。シングルとなった〈空も飛べるはず〉〈青い車〉〈スパイダー〉では、時々挿入されるキーボードのフレーズ以外は、すべての音が4人のギター・ベース・ドラム・ボーカルで構成されており、より「バンドの音楽」であることを意識させるサウンドデザインになった。レコーディング・エンジニアは宮島哲博。奥田民生やGRAPEVINEの作品を手がける宮島の音づくりも、バンド演奏特有の空気を掬い上げるものだった。

ただ、「Aメロ、Bメロ、サビ」の楽曲構造、ハイトーンを活かしたボーカリゼーション、少しだけ複雑なコード進行、ミュージックビデオの制作は、《Crispy!》から引き継がれている。ここでの成果に、手応えがあったのだろう。スピッツの楽曲やサウンドの基本的な指針は、《空の飛び方》の時点で固まったといえる。

そして、1995年9月に発売されたアルバム《ハチミツ》で、スピッツは〃とげ〃と〃まる〃の理想的なバランスを獲得する。エンジニアは前作に引き続き宮島哲博。ギターは凛とした音を響かせ、ドラムのスネアの音抜けもいい。〈ハチミツ〉〈歩き出せ、クローバー〉といった楽曲は、バンドの揺続感（＝グルーヴ）〈※5〉とひねりを加えた展開を共存させており、ソングライティングと演奏力の充実を感じさせた。〈ルナルルナ〉ではストリングスとバンドサウンドが無理のない形で融合し、〈Y〉や〈愛のことば〉といったミドルテンポの楽曲では、切実な感情を損なわずに大衆的に響かせるスピッツの力が存分に活かされている。《Crispy!》の時点では無理して明るく振舞っていた音楽が、《ハチミツ》では自然と陽性のフィーリングを振りまくようになっていた。〈ロビンソン〉、あるいは〈愛のことば〉や〈あじさい通り〉で表現される密やかな刺々しさが、明朗でまろやかな音に自然と溶け合っているのだ。〈トンガリ'95〉における激しいギターの音と性的な歌詞も、一聴した限りでは実に明るい。「プラスチックのカバーを　はずしたその後で／短い夢を見てる　おかしなフライデー」などという言葉は、セックスの後でペニスからコンドームを取る仕草を、隠微にいやらしく暗示するのにもかかわらず。

《ハチミツ》の時期、メンバーそれぞれの演奏技術は向上しているが、如実に違いがわかるのは田村明浩のベースだろう。それまでの演奏が稚拙だというわけではないが、《Crispy!》《空の飛び方》《ハチミツ》と、アルバムを重ねるごとに、低音に心地よく引っ

〈※5〉
「グルーヴ」は、演奏の心地よさ、ノリのよさといった意味でしばしば使われるが、心地よさの定義が曖昧であるため、いくらでも意味がとれる言葉となってしまう。そこで本書では、揺らぎながら持続していく感覚を強調するため、「揺続（ようぞく）」という造語を「グルーヴ」の代わりに併用する。そもそも、グルーヴは回転するレコードの溝（＝groove）に針が落ちて音が鳴るときの「揺れ」を表した言葉だから、語源から考えても違和感は少ないと考える。

張られるような心地よさが増している。〈ルナルナ〉や〈あじさい通り〉では、細かくフレーズを移動しながらも音を途切れさせないことで揺続的なうねりを生み出しており、ギターが前面に出た〈トンガリ'95〉〈グラスホッパー〉でも力強い低音を欠かさない。アルバム全体の躍動する感じをつくり出している要因の一つは、間違いなくベースプレイだ。

事実、《惑星のかけら》のあと、演奏能力向上の必要を感じた田村は、ベーシスト・濱瀬元彦のレッスンを受けている〈※6〉。

濱瀬はジャズ～フュージョン～アンビエントと、ジャンルをまたぐベーシストとして活躍する一方、独自の音楽理論の研究に取り組み、チャーリー・パーカーのアドリブソロについての詳細な分析書を世に送り出している。レッスン以外の時間では、ボサノヴァの魅力について解説したり、マリリン・マンソンのヘヴィなサウンドにおけるトレント・レズナーのプロデュースを絶賛したりと、ジャンルに囚われない音楽の捉え方を示し、田村に薫陶を与えたという。田村は多忙を理由に濱瀬のレッスンを最後まで受けられなかった「ダメな生徒」だと自己申告しているが、たとえば〈Y〉における、ドラムレスでベースのフレーズが浮遊するアンビエント・ミュージック的な感覚や、〈涙がキラリ☆〉の、ルート弾きの音を細かく切ることで跳ねるリズムを生み出しいく技法は、濱瀬からのレッスンなしには生じなかったのではないか。《Crispy!》以降、R&Bやファンクのような細かいフレーズと正確な律動感を要求される曲（たとえば〈夏が終わる〉や〈ベビーフェイス〉）

〈※6〉
スピッツ『旅の途中』幻冬舎、2007年、p.126～127

が増えたのも、田村の演奏に変化を与えただろう。そうした外的要因を単純に能力の向上に繋げるのは拙速だが、いずれにせよ、《ハチミツ》においてベース演奏の研鑽が一つの結実を示したのは間違いない。暗がりの隠微な密やかさと、晴れの日の広場のような朗らかさの両立。つまり〝とげ〟と〝まる〟を結びつける役割を、田村の演奏は担っていたのだ。

結果的に、本作は初めてのオリコン1位を獲得する。《ハチミツ》の勢いは、〈ロビンソン〉でのブレイクが追い風になっているとも考えられる。しかし、そこには微妙なタイミングの誤差がある。〈ロビンソン〉が売れに売れていたころ、スピッツはすでに《ハチミツ》のレコーディングに入っており、情報としてセールスについては知っていたものの、実感が伴っていなかった。﨑山龍男は、レコーディング終了後の夏のイベントで2万人の会場全体が〈ロビンソン〉を合唱するのを聞いてはじめて、ブレイクを感じたと語っている〈※7〉。《ハチミツ》の勢いは、〈ロビンソン〉のセールスの追い風というより、《Crispy!》から《空の飛び方》の流れで少しずつ観客が増えていったことの手応えと、《Crispy!》以降のチャレンジで音のボキャブラリーが増えたことによるだろう。そう考えるのは、《ハチミツ》に続く2作のアルバム、スピッツが商業的に一番充実していた時期に発表された《インディゴ地平線》(1996年)、《フェイクファー》(1998年)の醸し出す気配が、《ハチミツ》の明快な勢いとは異なり、くすんだものになっているからだ。《ハチミツ》のレコー

〈※7〉
スピッツ『旅の途中』幻冬舎、2007年、p.177～178

ディング時には、まだ「売れた」という自覚がなかった。そして、ブレイクの自覚は、むしろスピッツのメンバーに後ろ向きな思いを抱かせたのだ。

この時期のスピッツは、とにかく多忙の毎日を過ごしていた。音源の制作とライブ公演に加え、プロモーション活動が重くのしかかる。スピッツのディレクター竹内修は、1995年の年末に「来年が勝負だ」とメンバーに話したという〈※8〉。実際、96年にはあらゆるオファーを受け、アルバムも出して、ライブも100本近く行った。

有名になったことの悩みも出てきた。とくにフロントマンの草野に顕著だが、お茶の間まで顔が知れ渡ってしまった分、プライベートを侵害されることが増えた。ファンが家に押しかけて留守番していた草野の彼女を怯えさせたり、飲み会でも周りから気づかれて雰囲気が壊れてしまったり。雪が降った次の日に車を出そうとしたら、ファンが前日につくった雪だるまが凍っていて出せなかったというエピソードも披露している。「本当にうんざりするようなできごとがたくさんあった」というのが本人の弁だ〈※9〉。

ブレイク後の多忙が影響を与えたのか、《インディゴ地平線》のレコーディング時には三輪テツヤがスランプに陥った。ギターが上手く弾けず、納得のいく演奏がまったくできなかったのだ。当時の「ロッキング・オン・ジャパン」のインタビューでも、スランプであることを包み隠さずに語っている〈※10〉。プロモーション活動でもあるアルバム発売前

〈※8〉
「ミュージック・マガジン」2010年11月号「自分らはバンドであり、バンドマンなんだっていう意識が変わらないのが一番大きい デビュー時から関わってきたスタッフが語るスピッツの歩み」p.52～53

〈※9〉
スピッツ『旅の途中』幻冬舎、2007年、p.185～186

〈※10〉
『スピッツ』ロッキング・オン、1998年、p.241～250

のインタビューで、作品にとってマイナス印象になる発言は控えるのが自然だから、隠せないほどに深刻な思いを抱えていたと考えられる。

さらに、メンバー全員が問題だと考えていたのが、音についてだった。4人はロック・ミュージックの愛好者として、エッジの利いた音を好み、レコーディングでもそうした音を目指していた。それにもかかわらず、この2作はなぜかインパクトの薄い、平板な音になってしまっている。演奏がよくないのか、録音がよくないのか、ミックスやマスタリングがよくないのか。原因が特定できず、満足したサウンドが出せない状況が続いていた。2007年の時点で、草野は《フェイクファー》を今でも聴くのが辛いアルバムだと語っている〈※11〉。スピッツにふさわしい〝とげ〟がどう頑張っても出せないと、当時の4人は痛切に感じていた。

〈※11〉
スピッツ『旅の途中』幻冬舎、2007年、p.201

## 《ハヤブサ》の手応え

《フェイクファー》のあと、バンドにとって一つの区切りがあった。1998年の《フェイクファー》のツアーから、新たなサポート・キーボディストとしてクジヒロコが加わったのだ。ピアノではなくエレクトーンで鍵盤になじみ、スピッツよりもバンド活動歴の長いクジのプレイは、ロックバンド志向の強いスピッツの演奏とよく合った。

クジとの相性のよさを活かして、新たにレコーディングしてできた3曲を、スピッツは1999年の正月に《99ep》として発表する。収録された3曲はそれぞれタイプの違う曲で、それぞれでキーボードが活躍している。軽快なギターポップ〈ハイファイ・ローファイ〉ではかわいらしいメロディーを奏で、ミドルテンポのアンニュイな〈魚〉には淡いオルガンサウンドで彩りを加え、ヘヴィなロック〈青春生き残りゲーム〉では高い倍音を強調した宇宙的な音を飛び交わす。《Crispy!》から《インディゴ地平線》までの笹路正徳プロデュース期の曲のように、鍵盤をポップスの要素として扱うのではなく、力強く生々しいロックの音の一部として鍵盤の音が機能する。楽曲や基本的なギターやドラムの音は《フェイクファー》からさして変化はしていないものの、まろやかでリラックスした心地よさが作品全体に流れている。彼女との出会いは、スピッツが目指しているサウンドを掴むための手がかりになったのだろう。クジは現在に至るまで、スピッツのライブのレギュラー・キーボーディストであり、レコーディングにも頻繁に参加している。

この時期、スピッツの4人は、ミーティングで、自分が理想とする音を鳴らしているCDを持ち寄っている〈※12〉。そこに集まった複数のアルバムでミックスを担当していたのがトム＝ロード・アルジである。ホールやハンソン、のちにアヴリル・ラヴィーンのアルバムを手がけるアルジにミックスを依頼するために、スピッツはアメリカ合衆国マイアミに飛んだ。このとき、スピッツはかなり手の込んだ作業をしている。アルジにミックス

〈※12〉
スピッツ『旅の途中』幻冬舎、2007年、p.224

を依頼したのは〈メモリーズ〉〈春夏ロケット〉〈船乗り〉という3曲。〈船乗り〉は河口湖でレコーディングし、アルジのミックスと比較するためにミックスダウンまで行い、残り2曲はロサンゼルスでレコーディングしている。つまり、レコーディングとミキシングそれぞれに比較対象を与えることで、なにがどう違うのかを明確にする実験を行ったのだ。そして、アルジのミックスでできた音を確認すると、《インディゴ地平線》《フェイクファー》のときに自分たちがずっと出したくて出せなかった、メリハリの効いたダイナミックな音像だった。結局アルバム全体のミックスはアルジが多忙で頼めなかったものの、サウンドの感触は掴めた。そこで、プロデューサーにスピッツと同世代、スパイラル・ライフやスクーデリア・エレクトロなどのバンドでラウドな音を響かせていた石田小吉（現在は石田ショーキチ）を据えた。ミックスには石田と同じスクーデリア・エレクトロの寺田康彦と、レッド・ホット・チリ・ペッパーズやレイジ・アゲインスト・ザ・マシーンの当時の新作を担当していたジム・スコット。マスタリングにローリング・ストーンズ、フランク・ザッパ、R.E.M.の作品で実績のあるスティーブン・マッカセンを迎えることができた。レコーディングのあらゆる過程において、人選を一新したのだ。そうして出来たアルバムが2000年の《ハヤブサ》だ。

音の違いは〈今〉を聴けばすぐにわかる。冒頭のアコギの速いストローク、直後に入るベースとドラムにはライブの空気がそのまま反映されているような生々しい響きが込められている。間奏ではノイジーなギターが入り、アコギと共存しながら強いインパクトを残す。速いテンポでのアコースティックギターのストロークとノイジーなギターソロは、今までのスピッツにはなかった組み合わせだ。アコギがリズムを刻むこれまでの曲では、三輪テツヤのギターはクリーン寄りのサウンドに寄せられていた。ディストーションをかけたギターだと音空間をつぶしてしまうため、アコースティックギターの細かいニュアンスが消えることを考慮していたものと推測されるが、〈今〉においてはエレキの歪みもアコギの響きも失われずに共存している。《ハヤブサ》の音から感じられるのは、空間の広さだ。高音も低音も、解像度を落とさないままで鳴っている。その「広さ」が、アコギとエレキの共存を可能にしている〈※13〉。アコギとエレキの豊かな共存は〈さらばユニヴァース〉でも確認できる。

《ハヤブサ》には歪んだギターの音が多く使用されている。しかしながら、それは深いリヴァーヴによって音空間を塗りつぶすようなシューゲイザー風のサウンドではない。わかりやすい例が〈甘い手〉だ。クリーンのギターがサビで一転ディストーションへと転じる、静動の変化が明確な曲だが、ディストーションギターから細かいニュアンスが消えていない。通常、ギターの音をアンプやエフェクターの電気信号で歪ませれば、ギターの弦を弾くときの質感は失われる。この曲の場合、左右のチャンネルに重ねられたギターからは、

〈※13〉
ちなみに、〈今〉のギターソロをレコーディングで弾いているのは三輪テツヤではなく草野マサムネである。「ロック大陸漫遊記」2021年9月19日放送「ダイナソーJr.で漫遊記」での草野の発言を参照。

それぞれの弦の振動が感じられるサウンドになっている。〈甘い手〉の曲調、およびイントロ～Aメロのコード進行は、初期のスピッツが参照していたバンド、ライドの〈Vapour Trail〉に類似している。しかし、音のアタックを消して幻想感を演出するライドのギターサウンドに比べると、〈甘い手〉のギターには物をかきむしるような肉感がある。ここまで肉感的な音をスピッツが出すことはこれまでなかった。〈放浪カモメはどこまでも〉〈いろは〉〈８８２３〉〈メモリーズ・カスタム〉〈俺の赤い星〉などにおけるディストーションギターにも、直接的で体に直接触れられていると錯覚するような深いニュアンスがある。ベースのうねりやドラムのダイナミズムも明確に感じとれるし、草野マサムネの声も今までよりもハスキーにざらついて響く。サウンド全体に、鋭く耳に届くような〝とげ〟が表れている。

エレクトリックギターだけでなく、〈ホタル〉や〈ジュテーム？・〉のような穏やかな曲のアコースティックギターの音も生々しい。〈ジュテーム？・〉はシンプルなコードの弾き語りに途中から胡弓(こきゅう)が重なっていく曲だが、アコギと胡弓の音が後半に絡んでいく様には官能がある。穏やかさと艶めかしさのぶつかり合いが、「君がいるのは素敵な事だ」「君がいるのはいけないことだ」という歌詞が示す、安心と不安の揺れと重なる。今までのスピッツにはなかった表現が、《ハヤブサ》で実現しているのを実感できる１曲である。

## 亀田誠治プロデュース

スピッツは《ハヤブサ》の次のアルバムから、亀田誠治をプロデュースに迎える。亀田は椎名林檎の作品アレンジャーとベーシストとして参加し、《無罪モラトリアム》(1999年)、《勝訴ストリップ》(2000年)と2枚のアルバムが続けてミリオンセラーを獲得。一躍、音楽業界で知られる存在となった。椎名林檎は尖ったサウンドと大衆性の両立に成功しており、それはスピッツがずっと目指していたことだった。

《ハヤブサ》は決して売れたアルバムではなく、前作《フェイクファー》の2分の1ほどの約35万枚の売上げだった。《ハチミツ》以来オリジナルアルバムはすべてオリコン1位を獲得していたが、《ハヤブサ》は3位止まりである。1998年をピークに、音楽業界全体のCD売上げが劇的に落ちはじめる時期とはいえ、2000年の時点では前述の椎名林檎《勝訴ストリップ》をはじめとして、ミリオンセラーアルバムが多数出ていた。売上げを再び伸ばすため、《ハヤブサ》で得た音の感触と大衆的なポップネスを同時に成り立たせるには、亀田誠治は適役の人物だった。

2002年に発売された《三日月ロック》は、実際オリコン初登場1位を獲得しているし、売上げも《ハヤブサ》より伸ばしている。大衆的な支持を獲得する狙いは達成されている。では、亀田プロデュースによるサウンドの特徴はなんだろう。

一つは、音数の多さだ。〈夜を駆ける〉に顕著なように、鍵盤はピアノとシンセが共に鳴らされ、ギターも４本以上重なり、他に「キュルルルル」という電子音も聴こえてくる。〈さわって・変わって〉や〈ガーベラ〉のイントロにもバンド以外の電子音が入り、〈ババロア〉では１曲をとおして四つ打ちのキックが打ち込みで入っている。生音以外の、電子的なサウンドコーティングが施されているのが、《三日月ロック》の目立った特性だ。

もう一つは、低~中音域の強調。《ハヤブサ》で手に入れた音のレンジの広さが、《三日月ロック》では音の太さに使われている。〈ミカンズのテーマ〉のような軽快でコミカルな楽曲でも、ベースとドラムはズシンという重みを持っている。〈エスカルゴ〉や〈けもの道〉といったディストーションギターが思い切り鳴らされる曲では、ギターにも重たいパワーが感じられる。《ハヤブサ》では「スコン！」と抜けるような高い響きを有していたスネアドラムが、《三日月ロック》では「ドン！」というタムドラム寄りの音になっている。ただ、高音が控えめであるというわけではなく、それは効果音やキーボードが担っている。レンジ全体に音を敷き詰めていくのが、亀田誠治のサウンドスタイルとして現れている。

《三日月ロック》以降のスピッツのアルバムは、すべて亀田がプロデュースをしている。ここから、アルバムは《スーベニア》（２００５年）、《さざなみＣＤ》（２００７年）、《とげまる》（2010年）と続いていく。これらのアルバムでは、ストリングスやキーボードの使用頻度が増え、ミドルテンポのシングル曲（〈正夢〉〈ルキンフォー〉〈魔法のコトバ〉〈若葉〉など）も多く発表している。《三日月ロック》のサウンドをより日本のポップス形式に近づけていくのがこの時期だ。〈甘ったれクリーチャー〉〈Na・de・Na・de ボーイ〉〈探検隊〉〈幻のドラゴン〉といったギターが激しくなるロックソングもあれば、〈優しくなりたいな〉〈P〉のようなアコースティック編成の落ち着いた楽曲もある。〈ナンプラー日和〉では琉球音楽、〈自転車〉ではレゲエなど、幅広いジャンルと混交した音楽もある。

もう一点、指摘しておくべきは、後出のミュージシャンからの影響だろう。スピッツはもちろん多くのミュージシャンに影響を与えているが、同時に後にデビューしたバンドやソングライターから影響を受けてもいる。たとえば、〈さわって・変わって〉の冒頭の歌詞、「天神駅の改札口で　君のよれた笑顔」は、椎名林檎が具体的な土地名を歌詞に入れているのに感銘を受けて、「天神駅」という言葉を選択したと草野マサムネは語っている〈※14〉。〈さわって・変わって〉は、半音ずつ下がっていくギターのリフといい、クラシカルなキーボードのフレーズといい、サウンド面でも椎名林檎との近似を感じさせる楽曲だ。また、〈夜を駆ける〉の幾重にも重ねられたフィードバックギターは、2001年に〈天体観測〉のヒットで注目されたBUMP OF CHICKENの楽曲にも現れる特徴である。〈ワタリ〉のシンコペーションする速い8ビートは、当時の多くの若手バンド（BUMP OF CHICKEN、

〈※14〉
「ロック大陸漫遊記」2020年6月14日放送「日本のロック最盛期1999年で漫遊記」での草野の発言を参照。

ストレイテナー、ランクヘッド、アートスクールなど）が多く用いたリズムであるし、〈ほのほ〉の16分のハイハットや、〈不思議〉のキックの四つ打ちとハイハットの裏打ちの組み合わせも、ASIAN KUNG-FU GENERATIONやBase Ball Bearが当時駆使していたリズムパターンである。そもそも、《ハヤブサ》での音の変化も、90年代後半にTHEE MICHELLE GUN ELEPHANTやナンバーガールといったバンドが登場し、非ポップス的な刺々しいサウンドのまま支持されていったことに刺激を受けたものである。同時期にデビューを果たした、宇多田ヒカルの音のよさにも衝撃を受けたと草野は語っている〈※15〉。もちろん、バンドと打ち込みでは音（とくにリズム）の出し方が異なる。しかし、リスナーにとっては関係ない。同じラジオ番組などでかかれば、否応なしに比較されるのだから、開き直ってもいられない。こうした新しいミュージシャンの新鮮なサウンドに刺激を受ける中で、焦りも覚えつつ生み出したのが《ハヤブサ》以降のサウンドだった。音のレンジの広さや、低〜中音域の強調は、後出ミュージシャンとのライバル関係の中で生み出された特徴なのだ。

〈※15〉
スピッツ『旅の途中』幻冬舎、2007年、p.223〜224

## 〝とげ〟から外れる

しかし、正直なことを言えば、私はこの時期のスピッツの楽曲に馴染めないでいた。演奏技術は高まっているし、楽曲が以前と大きく違うわけではない。それでも、なにかが違うと、ずっと感じ続けていたのだ。当時は違和感の正体にあたりをつけられないでいたが、今ならいくつかの理由が浮かんでくる。

まず、先ほどからこの時期の特徴として言及している「音数の多さ」と「低音から高音までを埋め尽くす音のデザイン」。実は、この特徴は2000年に入ってからの英米のロックとポップスのトレンドからは外れるものだった。2001年にニューヨークからザ・ストロークスがデビューすると、中域の薄い、音数の少ない、すき間を活かしたロックンロールサウンドが流行するようになった。デトロイトのザ・ホワイト・ストライプス、ロンドンのザ・リバティーンズ、ストックホルムのザ・ハイヴス、シドニーのザ・ヴァインズなどが世界各地から次々と現れた。ギターとドラム2人組のホワイト・ストライプスに顕著だが、彼らは必要最低限の人数で、ミニマムなサウンドを志向していた。この時代に登場した多くのバンドは60年代以前のロックンロールやブルースを参照としており、「ロックンロール・リバイバル」などとメディアから呼ばれていた。90年代後半、3本のギターアンサンブルにありとあらゆるサウンドボキャブラリーを混ぜ合わせた《OK コンピューター》（1997年）で新たなスターとなったレディオヘッドも、2000年、2001年に立て続けに出した《キッドA》《アムニージアック》で、電子音楽とジャズに思い切り舵を切り、ミニマルでギターが目立たない音楽を示した。楽曲に多様な音を詰め込んでいたコーネリアスやビョークがミニマルな作風に向かうのもこの時期である。ヒップホップも、サンプリング主体から打ち込み主体になる時期であり、中域を切り、可聴域ギリギリの低音を思い切り強調した必要最低限のビートを武器に、ティンバランドやザ・ネプチューンズといったプロデューサーたちが次々とヒットを飛ばしていた。世界のポップミュージック産業で、中域の薄さと音数の少なさが一つの先鋭的なトレンドとなっていた。スピッツは、こうした流れには乗っていなかった。音数は多く、サウンドは低〜中音域が強調されていて、60年代以前と言うより、70年代のロックやポップスのサウンドに近かった。英米のポップミュージックを好んで聴いていた身からすれば、スピッツの音は古色蒼然としたものとして響いていた。英米のオルタナティブ・ロックと共振していた初期のスピッツを愛好する者からすれば、そこに一抹の寂しさを感じていたことは否めない。

この時期のスピッツと対照的な作品をつくっていたのが、ゆらゆら帝国だ。もともと、ゆらゆら帝国とスピッツには共通点が多い。メンバーが同世代で、フロントマンが美大出身（草野が武蔵野美術大学、ゆらゆら帝国の坂本慎太郎が多摩美術大学卒業）、60〜70年代のロックに影響を受けており、歌詞に性的なメタファーを多用する。そんなゆらゆら帝国は、2005年の《Sweet Spot》、2007年の《空洞です》で、ミニマルで音数の少ないスタイルを追求し、脱力した不気味な気配を醸し出していた。ディストーション・ギターで空間を埋め尽くす音像から脱却して、新しいサウンドを自らのものにするバンドは、スピッツの同世代にも存在していたのだ。

もう一つの違和感の理由は、音数の多さと低〜中域の強調が、スピッツの特性と相性が悪いことにある。

草野マサムネは1994年に〈空も飛べるはず〉を発売した頃、ヒットチャートで流れる曲に比べて音がスカスカな点がスピッツらしいと感じたという〈※16〉。ストリングスやホーン隊、あるいは打ち込みのダンスビートなどで音をたくさん詰めて、高音を強調していく日本のポップソングに比べて、アコギ、ベース、ドラムに最小限のギターとキーボードを加えただけの〈空も飛べるはず〉の音は異質に響く。また、コード進行や展開もシンプルだ。少ない要素で最大限のポップネスを発揮するところに、スピッツの、誰も共有できないマイナー性と誰もが共有できるメジャー性を両立する特性があった。

しかしながら、この時期のスピッツは音が贅沢になり、音の隙間が少ない。曲展開も複雑になっている。《スーベニア》以降のアルバムのエンジニアを担当しているのは高山徹である。コーネリアスやCharaとの仕事で知られる彼のミックスは、鋭いアタック感と心地よい残響処理で新鮮な印象を与えるが、おそらくその持ち味は音数をある程度絞って空間を残すことで活きてくる。コーネリアスの《Sensuous》やCharaの《Honey》、あるいはくるり《アンテナ》といった高山が参加したアルバムを聴いていると、そう感じる。逆に、音数が多くて音が重く、展開も多い曲で聴くと、一つひとつのサウンドの鋭さが活き

〈※16〉
スピッツ『旅の途中』幻冬舎、2007年、p.159〜160

ず、鈍重で、耳に負担のかかる感じが残る。

2010年の《とげまる》は、まさにそのような作品だった。もちろん、〈恋する凡人〉や〈新月〉のように、サウンドと展開がシンプルで、印象深い曲もある。とは言え、全体をとおして聴くと、重苦しさが残ることは否めない。歌詞にしても、『愛してる』それだけじゃ　足りないけど　言わなくちゃ／優しくて　憎らしくて　それのために僕はここに在る〈つぐみ〉」や「愛は　固く閉じていたけど／太陽　君は輝いて僕を開く〈君は太陽〉」といったフレーズは、草野マサムネにしては具体性に欠けていて、イメージを把握できない通俗的なラブソングとして響く。初期のころの鋭い感覚が、どうにも欠けているように感じてしまう。

〝とげ〟と〝まる〟の両立という点から考えれば、2000年代のスピッツは、〝とげ〟から離れて〝まる〟に傾いていた時期に思える。そんな時期の最後に《とげまる》と題されたアルバムが出ている事実は、少し皮肉なことと思える。あるいは、改めて自らの特性を確かめようと腐心したのが、《とげまる》という作品なのかもしれない。

### 《小さな生き物》のシンプリシティ

2011年の東日本大震災が草野マサムネの心身に強い影響を与えたのは第2章で述べ

たとおりだ。そこからスピッツの音は、新たな展開を示すこととなる。

2013年9月に、14枚目のオリジナルアルバム《小さな生き物》が発売された。プロデューサーは引き続き亀田誠治、エンジニアは高山徹だが、聴いた印象には変化が含まれる。一言でいえば、それは「シンプルさ」だ。シンプルさは、〈未来コオロギ〉から聴きとれる。音数が極端に少ないわけではない。冒頭からギター3本（途中挿入される単音のハーモニーも含めると4本）とベースとドラムが鳴っており、途中からキーボードも加わる。しかし、それぞれの楽器は音量が控えめで、空間を埋め尽くすことなく、軽快なテンポとリズムに合わせて響き出す。Amコードからはじまるマイナー調だが、バンドの音それぞれが際立つ感じは、95年のメジャー調の〈ハチミツ〉を少し思い起こさせる。隙間を活かした音像で、「オルタナティブ」を示していたころのスピッツに回帰している。いや、それは2013年にはすでに形骸化していた「オルタナ」の音とは違う、ひらがなで示される「おるたな」性だろう。そうした「おるたな」の感覚は、歌詞によって明確になる。

描いてた　パラレルな国へ
白い河を　飛び越えて

息を溜めて発せられる「パラ」の勢いづいた発話によって、ここではない平行世界へ向かう運動のイメージが広がり、「国へ」と「飛び越えて」の「e」の脚韻によって、遠い場所へ進もうとする動きに軽快さが加わる。
サビに入ると、より躍動的なフィーリングが強調される。

未来コオロギ　知らないだろうから
ここで歌うよ　君に捧げよう
消したいしるし　少しの工夫でも
輝く証に変えてく

「み——らい」「こお——ろぎ」「しら——ない」「だろ——から」と、8分音符3音分伸ばした後で裏拍を強調する律動の繰り返しが蓄積され、「き——みに」の「き」で高いラの音へと音階を一気に上がり（直前の「よ」はレの音）、反復からの差異が効果を発揮する。音空間の隙間によって、ボーカルの変化はより活きてくるだろう。
「軽さ」と「強さ」の混ざった感触を表現する〈未来コオロギ〉は、曲が進むごとに別の世界を示す「おるたな」性を強める。たとえば、2番のサビ。

未来コオロギ　不思議な絵の具で

丸や四角や　名もない形も
堕落とされた　実は優しい色
やわらかく　全てを染める

描くことのメタファーを基に進められる言葉。「丸」「四角」と並列されたあとの高音のジャンプで「名もない形」が不意に前面へと押し出され、既存の形式の分け方に収まらない在り方が提示される。そして、「堕落」こそが「優しい」という矛盾へと歌は進み、世界の表面からはみでていこうとする思想が表現されていく。間奏を挟んだ後のCメロにおいて「時の流れ方も弱さの意味も違う」とうたう草野は、定規的に等間隔に進んでいく時間感覚を拒否し、「弱さ」を別のものへズラしていく。そこから続く

行ったり来たり　できるよ　これから
忘れないでね　大人に戻っても

というフレーズによって、〈未来コオロギ〉の時間のイメージが具現化する。「行ったり来たり」「大人に戻っても」の、平熱の声で差し出される言葉は、過ぎたら戻れない時間ではなく、「過ぎる」ことがそもそもない、あらゆる時間が同時に存在する複数性を提起

する。ここで、「未来」と「コオロギ」が付着する題名のアンバランスの意図が明らかになる。過去にリアリティがあり、未来にノスタルジーがあるようなイメージを、スピッツは音で広げているのだ。「弱さ」の意味を転換し、杓子定規な時間から抜け出す志向が明らかになる。

《小さな生き物》では、〈小さな生き物〉〈りありてぃ〉〈スワン〉〈潮騒ちゃん〉といった曲でもシンプルなバンドサウンドが活きている。草野と三輪、それぞれのギターのざらつきが感受され、﨑山のドラムにもダイナミズムがあり、タムドラムにかけられたリヴァーブが心地よい立体性を生んでいる。鍵盤楽器や管楽器の使用もさりげなく、全面には出てこない。〈潮騒ちゃん〉は、《花鳥風月》に収録されている〈マーメイド〉（１９９２年）を思わせる、陽気で勢いのある1曲だが、「潮騒　潮騒　潮騒ちゃん」と繰り返すサビや、「ばってんもうやめたったい／こげなとこから／飛びたい　飛びたい　飛びたいな」という草野の出身地である福岡弁の早口なフレーズからは、可愛らしいユーモアの感覚が表れている。そこに、「きらめくファンシーな世界には　似合わねぇって茶化すなよ」や「偉大な何かがいるのなら／ひとまず　放っといて下さいませんか?･」といった言葉の反抗性が重なる。外界に対する反抗性の〝とげ〟と、可愛らしいユーモアとしての〝まる〟が両立した1曲だ。

さらに、楽曲もメロとサビだけのシンプルな曲が多くなり、1曲の長さが短くなった。

亀田誠治プロデュースになって以降の《三日月ロック》《スーベニア》《さざなみCD》《とげまる》では1曲平均時間が4分を超えている（それぞれ、4・12分、4・34分、4・02分、4・04分）のに対し、《小さな生き物》の1曲平均時間は3・67分となっている。

まったく目新しい先鋭性が聴きとれるわけではないが、シンプルさと、常識の窮屈さから抜け出そうとする言葉で、「丸」と「四角」の間を行く「とげまる」性を示したのが、《小さな生き物》というアルバムだった。

スピッツのサウンドの歴史は、以上のように〝とげ〟と〝まる〟の綱引きの歴史として記すことができる。ただし、聴くものを魅惑するスピッツの力が当然この綱引きに留まる訳ではない。次章では、〝とげ〟と〝まる〟の二項対立に収まらない。誰もが知るスピッツの魅力、すなわち「メロディ」の引力に焦点を当てていく。

〔第4章〕

# メロディについて——〝反復〟と〝変化〟

スピッツの多くの曲は草野マサムネが作曲している（作詞はすべて草野）。そして、メインボーカルは常に草野が担当している。草野が歌うメロディが強い印象を与えることは、スピッツリスナーのほとんど全員が頷くだろう。この印象の大元にあるものを確かめるのが、本章の主題となる。

まずはスピッツの曲のコード進行の特徴をいくつか指摘したい。ボーカルメロディの印象はコードとの関係から導かれるものだ。コードを知ることなくして、メロディを語ることはできない。

草野マサムネは、複雑なコード進行を活用する作曲家ではない。転調も少なく、不協和音を取り入れたコードの使用もさほど多くはない。理論を巧妙に駆使しているわけでもなく、理論を無視した規定外を聴かせるわけでもない。とくに《惑星のかけら》までのスピッツは、2度（9度）や6度（13度）といったテンションノート〈※1〉を加えずに、主に1度、3度、5度の音で構成されたシンプルな和音を用いて楽曲を構成していた。ちなみに、「1度」「3度」といった度数は、音楽用語で音程を示す用語だ。ルート音がドだとすれば、ドが1度、レが2度、ミが3度と上がっていき、8度が1オクターブ上のドを表す。

〈※1〉
テンションノートとは、和声に緊張感を与えるために加えられる、当の和声に含まれない音を指す。たとえば、Cのメジャーセブンス（ド、ミ、ソ、シ）に対するレやラの音を指す。テンションノートの度数は通常、当該の音に1オクターブ分の度数（数字で言えば7）を加算した数で記述するのが通例だ。2度の音であれば2＋7で「9度」、6度であれば6＋7で「13度」と記す。

初期のスピッツにおいて、転調の加わる数少ない曲の一つが《スピッツ》収録の〈うめぼし〉だ。イントロの足場がおぼつかない浮遊感は、D→C→G→D→Dsus4というキーがGともDともとれるコード進行によってもたらされる。「うめぼしたべたい」と、歌がはじまると同時にキーはGに落ち着くが、次の「値札のついたこころ」からはじまるパートではDのキーに変わっている。転調を自然に聞かせているのは、Dのドミナントにも、Gのセカンダリードミナントにも聴こえるA7の存在だ〈※2〉。また、そのコードが1度でも5度でもダイアトニック環境に収まるsus4も浮遊感に寄与している。sus4とは1度、5度の音に4度が加わったもので、Csus4であればド、ソにファが加わった和音を指す。安定した足元から少し離れるような、浮遊の感覚を与える和音だ。セカンダリードミナントの2度セブンスも、1度と5度のsus4も、現在に至るスピッツのコード進行の特徴だ。〈うめぼし〉は、曲の幅を広げだした《Crispy!》以降のプロトタイプにも聴こえる。

5度の和音でのsus4は、〈君が思い出になる前に〉〈ラズベリー〉〈ロビンソン〉〈春の歌〉〈コメット〉など、スピッツの多くの楽曲で使用される。同時に、1度のsus4も少なくない。〈青い車〉〈涙がキラリ☆〉〈仲良し〉〈みなと〉などで確認できており、〈スカーレット〉や〈花と虫〉では1度と5度のsus4が共に使われる。sus4の浮遊する響きはスピッツの曲のイメージを強く規定している。

2度のセブンスコード、またはその変形である（7度の音を抜いた）2度メジャーも多

〈※2〉
ドミナント・コードとは、安定した主和音に戻ろうとする構成の不安定なコードのことで、コード理論では5度のセブンス・コードが代表例として挙げられる。セカンダリー・ドミナントとは、主和音以外のコードの、5度上のコードをドミナント化（5度セブンス化）させたものだ。〈うめぼし〉の場合は、A7の和音が1度のDのドミナントコードとも、（Gを1度と考えた場合の）5度のDに向かうためにそのさらに5度上のAm7を、A7にセカンダリー・ドミナント化したものとも考えうる。和声理論の話を詳細に説明すると煩雑になってしまうが、ここでは〈うめぼし〉で鳴らされるA7の和音に二つの捉え方があるということがわかれば問題ない。

く、〈魔女旅に出る〉〈青い車〉〈魔法のコトバ〉〈雪風〉など、キャリア全体を通して多く見られる。2度セブンス（メジャー）は少し奇妙な、情けない感じがあり、〈君が思い出になる前に〉のAメロや〈空も飛べるはず〉のサビの爽やかさにおいてさりげないユーモアと臭味を加えている。

それ以上に多いのは6度マイナーに向かう3度セブンスである。3度セブンスから6度マイナーへの動きは強い悲壮感を印象づける。〈渚〉〈フェイクファー〉〈桃〉などの曲に緊迫した悲しみを混ぜており、〈夢追い虫〉ではサビの冒頭に3度のセブンスがくる（サビ頭に3度セブンスが来るのは日本と欧米のポップソング全体をみても珍しいだろう）。

スピッツの曲は単調（マイナーキー）に沈み続けることも、長調（メジャーキー）に留まり続けることもほとんどない。6度マイナーではじまった曲は1度メジャーに変わるし、逆もまたしかりだ。メジャー／マイナーの交互性自体は特段珍しいことでもなく、欧米や日本のポップスに星の数ほど存在するが、スピッツはこの〝変化〟を巧みに利用して、寂しさと無常感と透明なイメージの混ざった感覚、俗な言葉で言うところの「切なさ」を掬い上げる。3度セブンスの和音は、メジャーとマイナーを行き来するときの、蝶番の役割を果たす。

メジャーとマイナーを行き来する具体例として、〈楓〉が挙げられる。開始してからしばらくは長調の中を漂っていた曲が、サビで一挙に短調へと転じる。曲調の大きな変化を導くのが、サビの手前にくる、3度セブンスであるC7だ。C7からFmへの動きと、音程を上昇しながら「さよーなーらー」と伸ばして歌う草野の声が合わさることで、強烈な「切なさ」が生まれている。これまでに挙げた曲で言えば、〈海とピンク〉のサビ後にも長調から短調への変換があり、ユーモラスで情けない気配に、寂しげな情感が加わる様が聴きとれる。

## メロディの印象喚起力

コードの特徴をいくつか掴んだところで、ここから具体的にコードとメロディの関係を分析していく。対象とするのは〈愛のことば〉という曲だ。1995年の《ハチミツ》に収録されている。

〈愛のことば〉を取り上げたのは、スピッツのメロディメイキングの傾向が如実に示されているからである。草野マサムネがどのように歌を印象づけるか、どのようなイメージをそこから呼び起こそうとしているか。スピッツがポピュラーなアイコンになろうとするそのとき、楽曲はなにを提示していたのか。スピッツが先鋭性と大衆性の対立、〝とげ〟と〝まる〟の対立を越える魅力をどのように獲得するのか。そういったことが、〈愛のことば〉1曲に集約されている。

《ハチミツ》の11曲中5番目、中盤にさしかかるところで〈愛のことば〉は現れる。イントロの「プォオウッ」という音が印象的だ。これはエレキギターを低音弦で横に滑らせる音（スライド奏法）とスネアドラムを重ねて出しているものである。そこから、16分音符の裏拍を強調するドラムとベースが跳ねるようにリズムをつくり出し、ミュートさせつつ少し歪ませた単音のギターフレーズが左チャンネルから、アルペジオの繰り返しが左右から乗ってくる。途中から、右寄りにもわーっとしたモーグシンセサイザーの単音のフレーズがかぶさってくる。コード進行としては、Dm→B♭→C→Fと繰り返している。6度のAmからはじまる楽曲の雰囲気は空っぽな寂しさを想起させるが、モーグの音はどこか馬鹿らしい、ふにゃっとした調子だ。寂寥とのんきさが、同時に鳴らされる。

ここでコード進行が代わり、冒頭部が6度のマイナーから1度のメジャーに変化して、爽やかな雰囲気が漂い出す。歌が乗ってくる。

限りある未来を　搾り取る日々から
抜け出そうと誘った　君の目に映る海

ここに、すでにメロディの特徴がでている。

「かぎりあーるみーらいを」というフレーズと「しぼりとーるひーびから」「ぬけだそー

とさーそった」はすべて同じリズム、同じ動きのメロディであり、「きみーのめに　うーつーるうみ」のところだけ異なる。三度〝反復〟があり、後に違うメロディがくるのだ。〝反復〟によってメロディの輪郭が定着し、そしてそこに一度きりの限定された〝変化〟が加わることで、メロディの印象が強まる。ポップソングの強度は、メロディの印象をどれだけ刻みつけられるかで決まる。草野マサムネのメロディメイキングは、ポップソングのモデルケースといっても過言ではない。最後の一節は「君の目に」と「映る海」で脚韻を踏んでおり、〝変化〟の中に〝反復〟が折り込まれた入れ子構造になっている。

また、「映る海」のところで、コードがG7に変わっている。ルートのFに対する2度のセブンスで、今までの爽やかさの中に情けない風味が紛れ込んでいるのも聴き逃せない。1度の爽やかさと、2度の情けなさが対置されていることがわかる。

### 〝反復〟と〝変化〟のコンビネーション

〈愛のことば〉の続きを聴いていこう。

くだらない話で　安らげる僕らは
その愚かさこそが　何よりも宝物

こちらは先ほどのパートの繰り返し、コード進行、メロディラインも同じである。最後に「なによりも」と「たからもの」と脚韻になる点も同様。ボーカルメロディと韻律は、律儀なまでに〝反復〟されている。〝反復〟されたメロディの中で、歌詞においては「愚かさ」と「宝物」が〝矮小〟と〝偉大〟の分裂を形成していることは記述しておこう。メロディと歌詞の相乗効果に関しては、後ほど改めて言及する。

この後で曲調が〝変化〟を迎える。コードがB♭→Am7の繰り返しに変わり、16分音符の細かいフレーズを刻んでいたギターとベースが音を伸ばし、ドラムの刻みはハイハットからライドシンバルに交代する。音に広がりが出る。

昔あった国の映画で
一度観たような道を行く
なまぬるい風に吹かれて

ここでも「むーかーしあーったくーにーのっえっいーがでー」「いーちーどみーったよーなーみっちっをーゆくー」という形で、リズムが綺麗に〝反復〟している。ここでの限定的な〝変化〟はなにかというと、「4周目がない」ことである。4の倍数で律動を刻んでいく曲の中で唯一、Bメロだけが3周で終わっている。「あるべきところにあるべきものがない」という、「不在」が聴き手の意表をつくパターンだ。意表を突かれたところで、ドラムがフィルイン（「おかず」とも呼ばれる、タムやドラムを連打してドラムを目立たせるフレーズ）し、サビに突入する。

今　煙の中で　溶け合いながら　探しつづける愛のことば
傷つくことも　なめあうことも　包みこまれる愛のことば

コードは冒頭のマイナー進行に回帰し、ボーカルが音を高める。ドラムの刻みが閉じたハイハットに戻り、抑え目に叩いているが、盛り上がりはピークに達する。スピッツの曲の抑揚を決定づけているのは、なにより草野マサムネの音程の上下、緊張度の高低だからだ。そして、歌のリズムには、やはり印象を強めるポイントがいくつかある。冒頭の「いーまー」はサビの頭の拍より前にきている。音楽用語で「アウフタクト」と呼ばれる手法だが、曲に対してメロディが先立つことで、よりボーカルの印象が高まる機能を有している。そこから「けーむりーのーなーかで」「とーけあーいーなーがら」「さーがしーつーづーける」の三連続の同型旋律の律動〝反復〟が生じる。そして「あーいーのこーとーばー」でリズム、メロディが〝変化〟する。ここでも、三回の〝反復〟とその後の〝変化〟という法則が守られている。

以上が1番で、おなじくAメロ、Bメロ、サビを繰り返す2番がくる。やはりボーカルのリズムは〝反復〟する。そして、二度目のサビの後で、今までと異なるコード進行のCメロに突入する。

雲間からこぼれ落ちてく
神様達が見える
心の糸が切れるほど　強く抱きしめたなら

高音で歌われるメロディラインも今までとは異なるし、別の風景が訪れたような感覚がある。しかし、実はボーカルメロディのリズムはBメロのそれと同型である。「くーもーまかーっらこーぼーれーおっちってくー」と「むーかーしあーったくーにーのーえっいーがでー」は、同じリズムで歌われているのだ。違う風景だが、どこか既聴感がある。BメロとCメロのメロディの律動型が同じであるというのは、あまたのポップソングの中でも珍しいケースだ。〝変化〟の中に〝反復〟を挟み込んで、耳への印象を強める。そのような操作をスピッツはあらゆる方法で、しかも一聴したかぎりではわからない形でも行っているということだ。音楽は、他の芸術形式に比べて多くを〝反復〟に規定される分野だが、その分変化の度合いとタイミングに才気が求められる。草野マサムネは、変化の質量の見極めにおいて、鋭い感性を示している。

もう一点、スピッツのメロディが強い印象を残す理由を挙げるなら、草野マサムネの声の力を挙げざるをえない。彼の声域は男性にしては高い。高い音域のソからシの音を、力をこめずに、伸びやかに響かせることができる。多くの男性歌手の場合、音域に声が届かないか、出せるとしても力を振り絞るか、甲高い金切り声に近づくかのいずれかだが、草野は中域を豊かに保ったまま、なめらかに声を放つ。

ギターを弾いたことがある人であれば、CやGやDのオープンコードを弾くときに、1弦の3フレット（ソの音が出る）や5フレット（ラの音）を一緒に抑えると、艶やかで鮮やかな響きが出ることを知っているだろう。オープンコードとは弦に指を触れない開放弦を混ぜたコードのことで、開放弦を鳴らすことで伸びのある響きが得られる。そのオープンコードに1弦の高い音を加えると、煌びやかで凛とした表情が顔を出すのだ。草野マサムネの声は、ギターの1弦の開放弦から7フレット（高いミからシ）までの音域において、もっとも艶ときらめきを増す。この凛とした感触を出せるボーカリストは稀少だ。草野マサムネの声には、オープンコードに1弦のソやラを加えて弾いたときのような、艶やかで伸びやかな響きが込められている。そうした草野の特徴的な声が活きる形で、スピッツの楽曲・メロディは構成されている。〈愛のことば〉であれば、サビで強調される高音のラとシ♭を歌う声によって、メロディの印象が力強く残る。マイナー調の哀しみを想起させるコードに高音のメロディが合わさることで、モノクロームの景色の中で光だけが色をもって揺らめいているような、印象深いイメージが生じるのだ。

## 補助線：カーネルとシェル

ここまでは、ボーカルメロディのリズム的な側面、その〝反復〟と〝変化〟の構造に注目してきた。以降はメロディとコードの関係を分析していくが、理解のために音楽理論の補助線を引いておきたい。「カーネル」と「シェル」という用語についてだ。これは日本語の音楽理論サイト「SoundQuest」がつくった用語で、より詳しい理論を学びたい方は当のホームページを参照してほしい〈※3〉。実を言えば、〈愛のことば〉のBメロとCメロの歌が同型リズムであることも、私は「SoundQuest」から教わった。非常にわかりやすく詳しい、しかも2021年11月現在のページ閲覧が無料（！）のサイトなので、ぜひともご覧になっていただきたい。

「カーネル」（原質）というのは、音階内の相対的な位置関係から生まれる、各音が持つ固有の性質を指している。つまり、音階における1度や3度や4度といった度数が、それぞれ固有の印象を持っているということだ。1度と5度は、安定した響き。2度と6度は

〈※3〉
https://soundquest.jp

浮遊感を有し、3度は情緒性を伴う。4度と7度は緊張感が強い。実際にはもっと詳細な説明が必要だろうが、本論ではおおよその性格がわかれば十分だ。

ただし、カーネルはキー（調）の主音との関係から導かれる性格だ。音程にはキーにおける位置関係と、コード（和音）との関係の二つがある。メロディの各音は、本来的に「カーネル」を備えているが、コードが鳴ることによってそこにさらなる役割、性質がプラスで上乗せされることになる。この付加された性質を「SoundQuest」では「シェル」（表質）と呼んでいる。

たとえば、キーがC（ド）の曲の場合、G（ソ）は5度の「カーネル」を有するが、鳴っているコードがEmの場合、ソは同時に3度の「シェル」となる。「カーネル」という基本的な性格に、「シェル」という付属的な性格が加えられる。メロディの構成音には、こうした性格の二重性が認められる。

ただし、「シェル」の性格付けは、理論的に複雑かつ難解で、とくに2度、4度、6度の偶数シェルの場合、それぞれのコードの位置付けで意味合いが少しずつ変わってくる。煩雑さを避けるため、ここでは奇数シェルの特徴、1度と5度はシンプルでストレート、3度は情緒感、7度は渋い濁りがあるとだけ記すことにする。

カーネルとシェルの二重性が明確に出るのは、長調と短調を行き来する例として挙げた〈楓〉のサビだ。「さよなら」という歌詞の「ら」の音は、サビの頭の目立つ場所で一小節まるまる伸びるため、楽曲の印象に大きな貢献をする。この「ら」はラ♭の音で、A♭が主音である〈楓〉においては1度のカーネルを有しているため、安定感を想起させる。「さよなら」の4音は一歩ずつ音階を上がっているから、1度カーネルに上りつめたときには達成感、到達感のような感覚が生じる。と同時に、同じ箇所のコードはFmのため、「ら」は3度のシェルの情緒性を持つことになる。1度カーネルに辿り着いた到達感が、3度シェルの情感を高める。結果、〈楓〉は情緒性の強い楽曲と印象付けられる。俗な言い方をすれば、非常に「エモい」曲になる。もちろん、長調と短調の変化、あるいは、歌詞全体が別れの歌でもあることも作用として働いているだろう。複数の作用の総合によって、楽曲の切ない情緒を生み出しているのだ。

## メロディと言葉

〈愛のことば〉の分析に戻ろう。ただ、ここからはメロディと同時に言葉の意味も含めて聴いていく。メロディと歌詞の相互作用こそ、スピッツの楽曲のイメージを形成するからだ。

〈愛のことば〉という題名からもある程度推察できるように、この曲はラブソング的な含意が込められている。「君」や「僕ら」という人称の使い方、「強く抱きしめた」「包みこまれる」といった動詞の登場からみても、恋愛の詞であると考えられるだろう。ただ、具体的な状況や、人物の感情の位置は明確ではない。なぜなら、「僕」や「俺」のような一人称がこの曲では登場しないのだ。「昔あった国の映画で一度みたような道を行く」というシチュエーションが、具体的な現実として行われているのか、ある種の心理を表象したメタファーなのかも、判別するには情報が足りない。これはスピッツの歌詞全体に言える話だが、状況設定を明確にしたものは非常に少なく、通読してもひとつながりの物語にはならない。むしろスピッツの詞は、一つひとつのフレーズが、音楽に結びつくときの情感に従っている。生まれ出る情感が連なり流れていくことにより発生するものが、スピッツにとっての「物語」だ。

Aメロのメロディの動きからは歓びの感情が浮かび上がる。冒頭の「かぎりあー」や「くだらなー」の4音の構成は「ファ・ラ・ド・ミ」で、すべてドレミの隣り合った音ではなく、それぞれ2音上の音に跳躍している。より高い方向へジャンプしていくような感覚が生じている。この4音はFメジャーセブンスのコードの構成音をなぞっており、非常に安定した響きを有しているが、アクセントとなるミの音は7度のカーネルかつ（B♭のコードに対する）4度のシェルであるため、強い緊張と濁りを兼ね備えている。メロの後半にはメロディが下降していく。最終的にはルート音のF（ファ）に到着し、同時にコードもFメジャーにいきつき、カーネルもシェルも1度になり、落ち着いた安らぎを得る。不安定な場所へ跳躍する歓びと、安らげる場所に落ち着く歓び。まるで、昼には大人に見守られながらはしゃぎまわって、夜には親にくっついて眠る子供のようだ。ほとんど原初的と言っていい歓びがメロディで表されている。「抜けだそうと誘った／君の目に映る海」というフレーズは、そうした原初的な歓びのイメージと呼応しているだろう。

Ｂメロでは、長調か短調かも曖昧で、ボーカルも上下の抑揚が少ない。繰り返されるドの音は5度のカーネル、最高音のファは1度のカーネルで、平坦な感覚が続く。言葉の情景もぼんやりしている。「昔あった国の映画」とはどこの国のどんな映画かはまったくはっきりしないし〈※4〉、「一度見たような道」というフレーズには、見たような「気がする」の含意があり、さらに景色がはっきりしない。風は強くもなく弱くもなく「生ぬるい」。ただ、ライドシンバルや伸ばされたベース音の広がりが、なにかがやってくる予兆を告げている。

そして、サビに入り、短調に転じることで強い情緒が発生する。ボーカルの声域は高くなり、緊張度が増す。しかも、この曲の最高音部（「溶け合いながら」の「いな」の音）はルート音（1度）に対して4度のカーネルにある（ちなみにこのときコードは1度のFメジャーのため、シェルも4度になっている）。4度のカーネルは、もっとも緊張度の高い性格を有する。だから、サビにおける短調の哀しみには、刺すような鋭さがある。加えて、そこで歌われる状況は「煙の中」にある。今まで「君の目に映る海」や「昔あった国

〈※4〉
「昔あった国の映画で一度見たような道を行く」の中の映画は、おそらくソビエト連邦の映画『誓いの休暇』（1959年）ではないかと思われる。若き兵士が短い休暇を利用して故郷の母のもとに帰ろうとする。困難続きの道のりの途中で、偶然出会った少女と恋に落ちるが、互いに思いを告げることなく別れる。ようやく兵士は母と再会するが、すぐに出発しなければいけない。彼は戦場から二度と戻らない。息子を待ち続ける母親の前に、曲がりくねった長い道が静かに映される。この映画が醸す喪失感や、少年少女の瑞々しい交流と寂しい別れには、〈愛のことば〉に通じる情感がある。1991年にソビエト連邦は崩壊し、「昔あった国」になった。《ハヤブサ》収録の〈甘い手〉の間奏では、『誓いの休暇』劇中の会話がサンプリングされている。

の映画」を見ていた瞳は、煙に包まれてなにも見えていない。目がくらんだ状態で、〈愛のことば〉を探し続けている。Aメロの歓びとは真逆とすら思える、不自由な状況下にある。あるいは、「溶け合いながら」と歌っているのだから、これは2人が主客の区別、自己と他者の区別を超えて一つになる、ある種の強烈な歓びを表現しているとも考えられる。しかし、メロディが刺すような哀しみを表しているときに、それを歓喜の表現とだけ捉えることは難しい。

ここで浮かぶのは、「煙の中で溶け合う」も「包み込まれる」も、死への運動を表しているのではないか、という疑いだ。「溶け合う」のは、2人の人間ではなく、ひとりの人間の生と死であり、今この瞬間に命が消えゆくことの遠回しなメタファーではないか。あるいは、2人の人間が同時に死へと向かう様を描いているのかもしれない。メロディに現れる哀しみは、死にゆくものの匂いを含んでいると感知させるに十分な、鋭い緊迫を宿している。

### 湧き上がる死の匂い

サビの後の二番の言葉は、もはや無邪気な安心の中にはいられない。

優しい空の色　いつも通り彼らの
青い血に染まった　なんとなく薄い空

「優しい空の色」と、穏やかな表現ではじまるものの、すぐにそこには「彼らの青い血で染まった」という形容が乗っかってくる。「彼ら」とはなにを指すかはまったく明かされないまま、不穏な気配、おどろおどろしい予感だけがあたりに漂い出す。
さらには次のBメロのフレーズ。

焦げくさい街の光が　ペットボトルで砕け散る
違う命が揺れている

「焦げくさい街の光」という、これまた穏当ではない表現が顔を出す。「焦げくさい」のであれば、「街」はすでに燃えているのだろうか。光がペットボトルに反射する様も、わざわざ「砕け散る」と表される。さらには「違う命」とはなにか。「違う」とは一体どのように違うのか。Bメロの、ぼんやりとしたコードとメロディの中で、これはなにかただごとではないと、予兆だけが先走る。

今　煙の中で　溶け合いながら　探しつづける愛のことば
もうこれ以上　進めなくても　探しつづける愛のことば

次のサビの前半は1番とまったく同じ詞を有している。しかしながら、今までの積み重ねによって最初とは別の意味合いを感じとってしまう。直前のヴァースで描かれたように、「街」が燃えているとしら、「煙」というのは炎による「煙」ではないか。だとしたら、「溶け合う」は文字通り炎の中で「溶ける」ことを指しているのではないか。そのような不吉さが漂い出す中で、最初のサビから詞が変わり、「もうこれ以上進めなくても」という、より悲壮な仮定法がくさびを打つ。進むこと、生き続けることのリミットが示されるかのような言葉。死の匂いは、ますます濃くなっていく。

この後のCメロで、楽曲は緊張の高みを迎える。ライドシンバルが響き、コードはCsus4の浮遊感へと向かう。高く広い世界へと導かれ、雲間からこぼれ落ちた「神様達」の姿が見えてくる。そんな天上界の世界で、草野マサムネは高い声をずっと維持したまま、「心の糸が切れるほど　強く抱きしめたなら」と歌う。繰り返されるミの音は7度のカーネル、最高音のシ♭は4度のカーネルで、どちらも強い緊張感をもたらす。切迫感の極みの中で、2人の人間が、精神を崩す限界まで互いを求める様が描かれていく。

## 三輪テツヤのギターの役割

そこから、楽曲はサビのコードと共に間奏に入り、三輪テツヤのギターソロへと入るが、実はソロで前面に出る前から、三輪の演奏は楽曲内で大きな役割を果たしている。イントロでは三輪はFadd9のアルペジオを、機械的に反復している。強調されるソの音は2度のカーネルであり、浮遊感を楽曲に与えている。同じコード進行でも、イントロとサビの印象が異なるのは、ギターのフレーズが変化しているからだ。サビでは、三輪はコード進行に合わせたアルペジオを弾いており、草野の歌を邪魔しないような演奏となっている。結果、イントロではギターの浮遊感が耳立ち、サビではボーカルの悲壮な緊張感が際立つ。コード進行のドラマを、三輪のギターがより複雑に演出しているのだ。

ギターソロは、伸びやかなラの音からはじまり、ソロの途中では1オクターブ上のラがビブラートをかけられ強調される。ラは3度のカーネルであるから、情緒的な切なさが三輪のプレイからは感受される。ソロの後半では、音階を階段上に上昇していき、最後は5度のカーネルである高いドの音が伸びきって、3周目のBメロへと移っていく。三輪は、情緒的な感触と、安定した力強いエネルギーを乗せて、草野のボーカルへとバトンタッチしていく。最後のBメロ、サビ、アウトロは、歌詞も含めて一番の繰り返しだが、ギターソロの残像を伴って、より力強く、情緒的にメロディが立ち現れる。サビの鋭い緊迫感がより強調されて、〈愛のことば〉の4分21秒は終わりを迎える。

律動の操作による、〝反復〟と〝変化〟の複雑なコンビネーション。安定と歓びから、緊迫と哀しみへと変わるコードのダイナミズム。ギターとボーカルのメロディが織りなす、浮遊感と緊張感のドラマ。あらゆる効果によって、本曲はメロディが非常に強い印象を残す楽曲に仕上がっている。だが、言葉と声の要素をメロディとの関係に投げかければ、とても「親しみやすい」とは形容しえない、身体も精神も安定の外側に投げ出される過剰な体験が触知される。重要なのは、そうした過剰なイメージが、メロディの印象喚起力をまったく損なわない点にある。スピッツのメロディには、安定した心地よさを求めるリスナーも、鋭い過剰さを求めるリスナーも惹きつける、強い誘引力が宿っているのだ。

## 映像がもたらす喪失感

〈愛のことば〉はシングル曲ではないが、MV（ミュージックビデオ）がつくられている。楽曲の不穏さ、悲壮さ、喪失感は、映像によってさらに強調される。

映像全体はセピアの色調で統一されている。冒頭はアンモナイトのような物体がゆっくりと回転しているのが見える。そこからいくつかのショットが繋がれていく。割れる花瓶。

ひっくり返されて足をじたばたさせる虫。車のタイヤに潰されるペンギンのおもちゃ。幽閉された天使（背中に羽根があり、首の後ろには6桁の番号が打たれている）。手の平に乗せた首飾りは砂にかわり、ネガとポジの反転した映像では、手術台の上で布を被された人が固定されている。こうした映像の連鎖は、か弱い者が壊されていく、あるいは壊されたあとの状況を確実に想起させる。しかも、これらの破壊の様は、2回以上〝反復〟される。まるでそれが強迫的なトラウマであるかのように。

強迫観念的な映像の合間で、スピッツのメンバーが映される。砂丘のような場所で、白シャツにベストを着た草野マサムネが腕を組んで歌っている。最初はロングショットのカメラ、次にはアップでのカメラ。草野の右から左へ鳥が飛んでいるのが映る。それすらも、観る者にか弱い印象を与える。それぞれのメンバーの演奏も映る。サビに入ると、カメラは回転しながらスピッツの4人を映すようになる。このカメラの回転は、最初のアンモナイトらしき物体の回転と繋がっている。ビデオは、最後には横たわって円をつくる2人の人間の回転が、最初のアンモナイトにうっすらと変化していく様を映して終わりへと向かう。あらゆるものが破壊され、閉じ込められ、勝手にいじられる。そのすべてが、回転運動の中に溶けていく。

ただその直後に、ひっくり返されたはずの虫が、体をもとに戻され佇む姿が空のペットボトルとともに映される。回転運動からワンカットだけ映像が挟み込まれ、ビデオは終わる。

〈愛のことば〉に感じる、穏やかさと悲しさ、浮遊感と緊張感の同居は、MVの鑑賞と共に、より強く響き出す。セピアの色彩、破壊の〝反復〟、回転に溶け出す男女。それらの映像は、原初的な安らぎから強烈な死の気配へと変わる楽曲構造と振動しあっており、「すべては失われ、もう元には戻れない」という認識を私たちに与える。

〈愛のことば〉から情緒的なノスタルジアが立ち現れるために欠かせないのは、メロからサビへ〝変化〟する際の楽曲のダイナミズムである。メジャーからマイナーへの〝変化〟によって、喪失感とノスタルジーがそこに浮かんでくる。いささか奇妙なのは、〝変化〟の起こるまさにそのときに、草野マサムネから発せられる言葉が「いま」であることだ。草野が歌っているのは「いま」の状況であり、過去の描写ではない。しかも、描写には「ぼく」や「きみ」という主語が欠けており、非人称である。主体に紐付いたエモーション抜きで、客観の立場から、状況を歌っている。喪失やノスタルジーの情感が強く溢れるときに、言葉は主体を失って、ただただ「いま」に触れている。ましてや、「愛のことば」に「包みこまれる」という状況は極限的な歓びの表現に他ならない。だとしたら、喪失が入りこむ余地などないではないか。

結局のところ、この曲が限界まで愛しあう様を描いているのか、異常状態で死にゆく姿を表しているのかは決められない。愛の喪失の中にいるのか、奇跡の現前を目にしているのかも、まったく定かではない。確かなのは、スピッツの表現から現れた世界は、喪失と歓喜の二極に引き裂かれているということだ。ここでもまた、分裂が顔を出している。思えば楽曲の前半で、すでに〝爽やかさ〟と〝情けなさ〟、〝色彩〟と〝モノクローム〟という引き裂かれた構造も現れていた。それらは、1度のメジャーコードと2度のセブンスコードの対比、マイナーコードの薄暗さとボーカルメロディの煌めきとの関係によってつくり出されている。シリアスな感情表現が繰り広げられる中で、ユーモラスで情けないモーグシンセの音が随所に挟み込まれていたのも、忘れてはいけないだろう。

それにしても、なぜスピッツの曲ではこんなに「情けなさ」が描かれるのだろう。平穏な爽やかさに終始することなく、情けない感覚を招き入れてしまうのだろう。もちろん、分裂がスピッツの本質的な特徴であることは今までも繰り返し示してきたが、分裂の片側の極点が「情けなさ」である必要がどこにあるのだろう。こうした疑問への回答を導くためには、スピッツの表現と、彼らが生まれ育った場所、すなわち「日本」との関係に目を向けなくてはいけない。

# （第5章）国について――〝日本〟と〝アメリカ〟

## 「スキゾフレニックな日本の私」

ここまで、スピッツの表現の在処を「分裂」という言葉から捉えてきた。この単語は音楽とは別の文脈へとスピッツを繋ぐものでもある。すなわち「日本」という文脈へ。

1968年のノーベル文学賞受賞講演で、川端康成は「美しい日本の私」を発表し、26年後のノーベル文学賞受賞講演で、大江健三郎は「あいまいな日本の私」を発表する。日本の「美」を、仏教的な悟りの境地と結びつけながら、歴史と文脈を「あいまい（vague）」にして世界に発信する川端。対して大江は、「両義的」という意味を強調して、「あいまい（ambiguous）な日本」を語る。開国から第二次大戦の間に、被侵略者かつ侵略者となった日本、欧米的でもありアジア的でもあり、その実どちらにも居場所を持てない日本。そんな両義性を見ていた大江にとって、日本に非歴史的な「美」を見出すことは、近現代に深く刻まれた「あいまい（ambiguous）」を無視することと同義だった。明治の開国、昭和の敗戦という衝撃を受けて、二つの極に引き裂かれ続けることは、日本人の逃げられない条件なのだ。

美術批評家の椹木野衣は、『日本・現代・美術』（1998年）の中で大江の「あいまい」を、「Aでありかつ非Aである」という矛盾性をより際立たせるため、「スキゾフレニックな日本の私」と言い換えた。つまり「分裂症の日本の私」である。大江が語った「分裂」は、1990年代の美術に見出すことができると椹木は言う。

たとえば村上隆は、スピッツがデビューした1991年に田宮模型のプラモデルをモチーフにした連作を発表しているが、この連作には日本におけるアメリカの支配構造を前景化する仕掛けが繰り込まれている。田宮模型のトレードマークは、赤と青の背景に二つの星という、アメリカ星条旗的なイメージをもち、その下には「FIRST IN QUALITY AROUND THE WORLD（世界最高品質）」の文字が書かれている。村上は、このマークの「TAMIYA」の文字を自らのファーストネーム「TAKASHI」に転用し、馬鹿らしい意匠につくり替えた。この馬鹿らしさは、田宮模型が誇る「最高品質」が日本の遊具であるメンコやビー玉ではなく、アメリカのプラモデルに適応されていること、つまりアメリカの支配を背景としなければ意味のないものであることを炙り出した。村上はオタク文化に出自を持つ作家だが、日本のオタク文化全体が〝日本〟と〝アメリカ〟に引き裂かれているものであることを明るみにする。彼が少年期から親しんだ、今では日本特有と目されるアニメ文化や模型文化は、戦時中は日本国が憎しみを向けていた合衆国なしには生まれえないものだった。戦後の日本文化は、アメリカへの愛着と憎悪で分裂しているのだ。

あるいは中原浩大は、レゴブロック13万個あまりを利用した巨大な彫刻作品を1990年に発表している。日本の彫刻芸術の文脈を踏まえた造形でありながら、素材にはデンマーク生まれの遊具を用いている。芸術と遊戯、日本と西洋の分裂が、明治以降の近代日本の条件であることを暗示したのだ。村上や中原、あるいはヤノベケンジやそれに続いた会田誠が頭角を現したのは90年代であり、ちょうどスピッツがデビューしてからブレイクしていく時期と重なる。日本の美術界において「分裂した日本」を見出す作家たちと、スピッツは活動時期を共有している。80年代には、スピッツの音楽事務所の先輩でもある浜田省吾が、アメリカと日本に引き裂かれて生きる日々の怒りややるせなさを、《J.BOY》や《FATHER'S SON》（父たるアメリカの息子という意味を込めている）といったアルバムにおいて､直接的に言葉で表現していた。〈AMERICA〉という曲の「ショーウィンドゥに映った黒い目をしたJ.BOY／帰る故郷を見失って……」といった歌詞が、その代表例だ。それに比べて、90年代の美術表現は、表現の形式や素材自体を掘り起こして、分裂状態の根深さを暴き出していた。

また、90年代ははっぴいえんどが再評価された時期でもある。70年代初頭に活躍したこの4人組バンドは、オリジナル・ラブやサニーデイ・サービスなど、渋谷系のサークルにいたバンドのルーツとして再度注目された。細野晴臣が所属するＹＭＯの成功、松本隆の歌謡曲作詞家としての活躍など、解散してからの4人の活動は広く知られていたが、バンドとしてのはっぴいえんどの権威が確立したのはこの時期である。

彼らは「ロックに日本語を導入したバンド」としても知られているが、実際にはそれ以前にGS（グループサウンズ）のバンドがすでに日本語でロックを演奏している。はっぴいえんどが特異だったのは、日本にも英米にもない揺続感を引き出したことにある。そこに寄与しているのが、彼らの日本語の発話である。一聴すればわかるとおり、彼らの日本語は聞きとりにくい。通常の日本語のイントネーション、分節を無視しているからだ。松本隆の綴る情景は具体的だが、メッセージや感情を表す記号は排除されており、情緒のモードが読みとりづらい。彼らの歌は、日本人にとって異質に響く。同時に、はっぴいえんどのロックは、ロックには馴染んでいるが日本語には馴染みのない米国人にとっても異質に響く。〝日本〟にも〝アメリカ〟にも居場所のない、引き裂かれた場所で揺れ続けるのがはっぴいえんどの音楽だ。彼らのラストシングル〈さよならアメリカ さよならニッポン〉（1973年）の題名は、自らの立ち位置を象徴的に表している。

そして、日米の間の「分裂」を生きたバンドが再評価されはじめた時期は、大江健三郎や村上隆が「分裂」を表現した時期と一致している。そんな時期に、スピッツは登場した。

スピッツの音楽には、「スキゾフレニックな日本の私」は明示的には表れないし、本人達にもそのような意図はないだろう。草野マサムネが歌う日本語は聞きとりやすく、はっぴいえんどのような周到な戦略は見出せない。浜田省吾のようなストレートな政治性もない。にもかかからず、スピッツの音楽には〝日本／アメリカ〟の分裂が強く感じられる。

草野は歌詞に日本語を使うことを重んじてきた作詞家だ。バンドブーム期のバンドには日本語と英語を混ぜて使うバンドが多くいたし、それが主流とも言えた。その中で、日本語の響きを活かそうと考えていたのが草野であり、1992年の〈ハニーハニー〉ではじめて「It's so brilliant!」という英語詞を使ったことには「踏み絵を踏むような気持ち」とたとえるほどの抵抗があったようだ〈※1〉。スピッツの詞は今に至るまでほとんどが漢字・ひらがな・カタカナで書かれており、外国語はほとんど日本語化したものをカタカナとして用いる（〈運命の人〉の歌詞における「アイニージュー」や、〈ジュテーム?〉という曲名など）。その点を踏まえれば、彼らの作品に〝日本〟を観ることはあながちおかしな話ではない。

それと同時に、スピッツの日本性をことさら強調するのにも、強い違和感が伴う。もちろん、スピッツの依拠するロック・ミュージックは紛れもなくアメリカで生まれた音楽なのだから、その意味では日本的ではない。しかし、そんなことは日本のロックバンドすべてに当てはまる話だ。日本人がアメリカ音楽をやるとどうしても〝日本〟が滲み出てしまうというのが、はっぴいえんどの時代から受け継がれる（そしてロックからヒップホップにも受け継がれた）日本のミュージシャンにとっての難題だった。〝日本〟から逃れようとしても逃れられない作家の群れにおいて、なぜかスピッツは〝非―日本〟的な存在だと思える。日本であって日本ではない。この矛盾した感覚はどこから来るのか。

〈※1〉『スピッツ』ロッキング・オン、1998年、p.169

## 日本における「音楽」のはじまり

私が小学校で合唱コンクールに参加したときのこと。それは1996年の秋だったと記憶する。十数校が参加した合唱会で、他の学校のレパートリーに〈渚〉があった。〈渚〉のシングルは96年の9月に発売しているので、非常に早いタイミングでの選曲である。他にも、小学校や中学校の授業でスピッツを歌ったという事例を何件も聞いたことがある〈※2〉。2021年には〈優しいあの子〉が米津玄師の〈Lemon〉などと共に高校の音楽教科書に掲載されることが公表された〈※3〉。スピッツの曲は、学校の合唱会という公的教育の場にもふさわしいものとみなされている。そのことは、スピッツにある種の〝日本〟性があるという感覚と関係している。

日本と「音楽」の関係を考えるために、私たちは150年ほど前の世界にさかのぼりたい。日本が欧米諸国の圧力によって開国を迫られ、明治以降の世界がはじまった頃。今の日本人の音感の基礎は、その頃に端を発している。今ちまたで流れている「音楽」の大半は、西洋で発展した音楽の形式に基づいている。「ドレミファソラシド」として知られる音階やコード進行の規則は、ヨーロッパの地域音楽、つまりキリスト教教会音楽とクラシック音楽から広がったものと考えられている。大航海時代から欧米諸国（ポルトガル、スペ

〈※2〉
たとえば、筆者自身が出演したSpotifyのPodcast番組「POP LIFE:The Podcast」の第一五五回「結成30年、改めてスピッツの偉大さを語ろう Guests:伏見瞬、有泉智子（MUSICA）」の冒頭で、ホストの三原勇希が「学校の授業でロビンソンやチェリーをみんなで歌った」という趣旨の発言をしている。ちなみに、回タイトル内の「結成30年」は正確には「メジャーデビュー30年」。

〈※3〉
日本テレビ放送網株式会社、日テレNEWS24「高校教科書の検定公表 コロナの話題も」、https://www.news24.jp/articles/2021/03/30/07847843.html（2021年11月16日参照）

イン、オランダ、フランス、イギリス、そしてアメリカ）が確立した経済的・軍事的優位を背景に、西洋式の音楽が世界中に広がっていった。西洋から伝播された音楽の型が、いつのまにか日本人の心身に染みこんでいるのだ。その一方で、かつて日本に暮らしていた人々の生活に根差した音楽は、現在ではむしろ異質に感じられるようになった。能曲も三味線も琵琶も長唄も義太夫節も、これらを我がものとして感じている日本人は、今では相当の少数派だろう。ビートルズやカーペンターズ、あるいはマイケル・ジャクソンやテイラー・スウィフトの曲の方が身近に感じるだろう。正月の風物詩として流れる〈春の海〉（宮城道雄作曲）も、「日本の心」と目されることの多い（戦後の）「演歌」も、形式自体は西洋式音楽の規則に準じている。

1853年7月8日、アメリカ合衆国ロードアイランド州ニューポート出身の縮れ毛の男が率いる4隻の艦隊が浦賀に来航して以来、日本の政治組織は西洋の力を意識せざるをえなくなったことは誰もが知るとおりだ。そして、明治政府は国家体制、法律だけでなく、文化も西洋式を採用しなければいけないと考えた。抜本的に日本人を変えなければ、西欧列強に太刀打ちできない。まず、軍隊をまとめあげる軍楽を西洋式にした。そして一般的な国民にも、西洋音楽が馴染むよう策した。とはいえ、長らく親しんできた音楽感性を手放すことは容易ではない。そもそも啓蒙する側の政府の人間からして西洋式音楽を一から学ぶ身だ。音階を身につけるだけでも相当な困難が伴った。当時の音楽教育の中心にいた文部官僚・伊沢修二は1875年にアメリカに留学した際、ドとレができて、ミまではかろうじて声を出せるようになったが、ファの音はどんなに頑張っても出せなかったという〈※4〉。それほどまでに、西洋音階は日本人に馴染みのないものだったのだ〈※5〉。

ここで指摘したいのは、日本人は一夜にして西洋式音楽を身につけたわけではなく、「3歩進んで2歩下がる」の具合で、少しずつ少しずつ体得していったということだ。それまでは江戸時代から続く生活と文化があったわけで、身に染みこんだ生活感覚を人工的に変化させるのは容易ではない。人々が聴き、鳴らしていたのは、長唄であり、義太夫節であり、三味線であり、すなわち今総称されるところの〝純邦楽〟だったであろう（この名称が適切か否かは今は問わない）。大正後期まで、ラジオでかかる曲は半分以上が邦楽であったという記録も残っている〈※6〉。当然の話だが、明治になって急に日本人の音感がドレミ化したわけではないのだ。

## 唱歌と童謡

もう少し、スピッツから離れた話を続けたい。

西洋の音楽にまったく馴染みのない日本人の音感を、身体的に改造するためにつくられた音楽が「唱歌」だった。ここでの唱歌とは、要するに学校で歌うためにつくられた音楽

〈※4〉
細川周平『近代日本の音楽百年　第1巻　洋楽の衝撃』岩波書店、2020年、p.186

〈※5〉
本書の他のパートでは基本的に絶対名（音名、固定ド）としてドレミを使用しているのが、ここでは引用の記載に準ずるため、ドレミを相対名（階名、移動ド、キーの主音をドと呼ぶ方式）として用いている。

〈※6〉
千葉優子『ドレミを選んだ日本人』音楽之友社、2007年、p.38〜39

のことだ。明治期からつくられ、教科書に載った楽曲の総称である。最初につくられた唱歌集が『小学唱歌集』（1881年）で、先に名を挙げた伊沢修二が編纂している。日本初の五線譜による音楽教科書である。〈蛍の光〉〈ちょうちょ〉などが収録されているが、どちらもスコットランドやスペインに伝わる民謡のメロディに日本語詞を載せた曲だ。後には日本人も唱歌を作曲しており、〈海〉〈春の小川〉などが今でも知られている。ドレミにまったく馴染みのない日本人に西洋式音楽の感覚を身につけるための楽曲だから、どれもメロディや和音は単純である。唱歌は明治中期にはじまり、その後も使われ続けた。日本人の多くに西洋式音楽の感覚を宿したのは、唱歌だった。

「唱歌」とは別に「童謡」という言葉がある。今では後者の方が馴染み深い言葉だろうし、もともとは唱歌だった曲も、今では「こどものうた」という意味で「童謡」と見なされることが多いだろう。しかし、歴史的にみれば、この二つの言葉は明確に対立している。「童謡」は「唱歌」へのアンチテーゼとしてはじまった運動だからだ。

童謡は大正期に展開された、一つの文芸運動だった。唱歌がシンプルだったのは、ドレミに慣れていない日本人にとっての西洋への入り口としての機能があったからだ。しかし、時間が経てば、むしろその単純さが仇をなす。日本人の教育にとっては、唱歌はあまりに単純で、歌詞も幼稚で、情操教育としてもふさわしくないと考える人々が現れたのだ。見方を変えれば、「あまりに単純」と思われるほどに唱歌が日本人に西洋音階を浸透させていたということだ。この点、唱歌はその役割を見事に果たしたともいえる。

唱歌に対して童謡運動を進めていったのは、幾人かの文学者だった。小説家・児童文学者の鈴木三重吉は児童文芸誌『赤い鳥』を大正期（1918年）に発刊。同誌は芥川龍之介の童話などとあわせて、童謡詞を掲載し、後には楽譜も載せることとなり、文学としての童謡運動の中心となる。ただ、『赤い鳥』は文芸運動としての性格が強すぎた故か、子どもへの浸透率は低かったという説もある〈※7〉。鈴木三重吉の同人雑誌としてはじまったのだから、そもそも発行部数に限界があったのも当然だ。『金の船』『童話』といった他の雑誌の影響力も無視するべきではないが、結局のところ童謡の広がりは、メディアテクノロジーに依存していた。つまるところラジオやレコードの一般化に多くを負っているのだ。ラジオ・レコードこそが、楽譜をすぐには読めない少年少女に童謡を記憶させることとなった。メディアによって子どもに届いたという点で、童謡は最初期の複製芸術による大衆歌、つまり最初期のポップソングともいえるだろう。

このように、「唱歌」と「童謡」は、その成り立ちに大きな差を持っている。身体感覚を整えるための音楽として国家が主導し、公教育の中で広がった唱歌。情操教育の音楽として民間の文学者・芸術家が主導し、メディアを通して広がった童謡。ただ、見逃すべきでないのは、そこに対立だけでなく連続性もあることだ。身体を整えたから次は精神、国家が地均しをしたから次は市民（芸術家）が、公的には広げたから次は商業（ラジオ）で、

〈※7〉
金田一春彦『童謡・唱歌の世界』主婦の友社、1978年、第三章「童謡 世界に誇る文化財」を参照。

という風に「こどものうた」の発展段階として二つをつなげることも可能だろう。また、ごく卑近に捉えれば、唱歌と童謡を区別して聴いている人間は今やほとんどいないだろう。〈われは海の子〉が唱歌で、〈七つの子〉が童謡であることなど、研究者以外では誰も気づかないし気にしない。どちらも明治から昭和初期に連なる「日本人が子どもの頃に聴いて記憶している音楽」の一部となる。そして、それらの曲には現代の人間も記憶しているものが多くある。少なくとも、1990年代に子ども時代を過ごした私の世代は間違いなく「われは海の子白波の」や「からす何故鳴くの」のメロディを記憶している。唱歌と童謡は100年近い歳月を通じて、日本人に記憶されている音楽であるといえる。

## 「ピクシーズ童謡」としてのスピッツ

スピッツの楽曲は、唱歌と童謡に当てはまる特徴を持っている。彼らはアメリカとイギリスのロック・ミュージック、あるいはそこから影響を受けた日本の音楽を聴いて憧れを抱いていた。それと同時に、草野マサムネは少年期に聴いた歌謡曲にも愛着を示している。たとえば、草野は自分の音楽のルーツに母親が好んでいた浜口庫之助の曲があるのではないかと語っている〈※8〉。しかし、スピッツの曲に、浜口の作曲した〈星のフラメンコ〉のようなラテン調の妖しさ、いかがわしさは感じられない。わずかに〈TRABANT〉や〈あ

〈※8〉
『スピッツ』ロッキング・オン、1998年、p.169

じさい通り〉にその痕跡を聴くことができる程度だ。むしろ、スピッツから聴こえるのは、同じ浜口の曲でも、〈バラが咲いた〉のようなフォーク調の曲だ。そこには、唱歌・童謡との連続性が感じられる。

『童謡・唱歌の世界』の金田一春彦は、唱歌の特徴として、ファとシの音を抜いた、いわゆる「ヨナ抜き音階」を示す一方、童謡にはファとシを用いた曲が多いことも紹介する。それでも、童謡に日本の音階を感じさせるものがあるのは、西洋式音楽の中心に位置づけられる「ド・ソ」の音ではなく、「レ・ミ・ラ」の音、つまり2度、3度、6度のカーネルをアクセントの中心に置いているもので、それらは結部で「ド」へと終止する。そして、この童謡の特徴は、〈バラが咲いた〉の特徴とも、そしてスピッツの特徴とも一致する〈※9〉。

楽曲で確かめよう。〈空も飛べるはず〉は、楽曲構成と楽器の組み合わせにおいて、ピクシーズの〈Here Comes Your Man〉に似ている。後述するが、ピクシーズはスピッツが大きな影響を受けたバンドの一つだ。アコギを基調とする簡素なバンドサウンドに、ギターの単音のフレーズが乗る。メジャーのAメロからマイナーのBメロに、そこからイントロと近いコードとメロディのサビへ。楽曲展開も、コードに対するメロディのリズムの付け方も当の曲と似ている。本人が意識しているかわからないが、ピクシーズがスピッツの楽曲の一つの下敷きになっているように聴こえるのは間違いない。

ただ、メロディーは違う。〈空も飛べるはず〉のサビのメロディは、3度のミからはじ

〈※9〉
135ページの脚注同様、こちらも引用の記載に基づくため、相対名としてドレミを用いている。

まり、最高音が6度のラとなって、最後にドに行き着く。ファとシの音も含まれるが、アクセントとなるのはラとミだ。この旋律構成は、4度の音がアクセントとなる〈Here Comes Your Man〉とは大きく異なっている。メロディだけをとれば、それは童謡のメロディなのだ。ピクシーズを下敷きに童謡的なメロディを歌う点で、〈鳥になって〉〈たまご〉などの曲も同様の特徴を指摘できる。スピッツは自らの音楽を「ライド歌謡」と謳っていたが、〈空も飛べるはず〉から聴こえるのは、「ピクシーズ童謡」としてのスピッツだ。

言葉の側面においても、スピッツと童謡に共通点を見出せる。とくに近いのが、詩人・作詞家の野口雨情の詞である。野口は〈七つの子〉〈シャボン玉〉〈赤い靴〉など、中山晋平との組み合わせで、あまたの童謡を発表してきた。彼が作詞した曲のタイトルは、スピッツの曲名と多く重なっている。野口の〈兎のダンス〉はスピッツの〈ウサギのバイク〉を想起させるし、〈鈴なし鈴虫〉は〈鈴虫を飼う〉を思わせる。もっとある。上が野口雨情作詞の童謡、下がスピッツの楽曲だ。

・雲雀の子とろ、ひばり→ヒバリのこころ
・昼の月、三日月さん、月の夜→三日月ロック その3、月に帰る
・とんび→トンビ飛べなかった
・蛍のいない蛍籠→ホタル

・虹の橋→虹を越えて
・おけらの唄、おけら→オケラ

題名だけが似ているわけではない。たとえば、中山晋平作曲、野口雨情作詞のこの曲。

しゃぼん玉とんだ
屋根までとんだ
屋根までとんで
こわれて消えた
しゃぼん玉消えた
飛ばずに消えた
うまれてすぐに
こわれて消えた
かぜかぜ吹くな
しゃぼん玉とばそ——〈シャボン玉〉

日本で育った多くの人間の記憶に共有されているであろうこの詞の、「飛んでこわれる」

という運動はスピッツに乗り移る。

冷たくって柔らかな
二人でカギかけた小さな世界
かすかに伝わって
縮んで伸びてフワリ飛んでった
タンタンタン　それはぼくを乗せて飛んでった
ああ君の　そのニノウデに
寂しく意地悪なきのうを見てた
窓から顔出して
笑ってばかりいたら　こうなった
タンタンタン　そしてぼくはすぐに落っこちた――――――〈ニノウデの世界〉

どうせパチンとひび割れて
みんな夢のように消え去って
ずっと深い闇が広がっていくんだよ――――――〈ビー玉〉

野口雨情の詞は、生物や物体の運動を記述しながら、同時に喪失感や寂しさの情感を漂わせるものが多い。こうした特徴は、草野マサムネの詞にも通じている。〈タンポポ〉における「ふんづけられて　また起きて道ばたの花／ずっと見つめていたよ」の一節がその一例だろう。喪失感や寂しさが乗る楽曲の雰囲気が牧歌的である点も共通している。

スピッツの楽曲の唱歌・童謡との近しさは、日本人にとっての馴染みやすさに繋がっている。彼らの楽曲が「なつかしい」と言われることが多い理由も、合唱コンクールのレパートリーに選ばれやすい理由も、唱歌・童謡との近似性から説明できるだろう。

## スピッツの恥ずかしさ、情けなさ

ただ、本人たちは唱歌・童謡からの影響については語っていない。彼らが楽曲の影響元として語るのは、欧米のロックだし、日本の歌謡曲だ。歌謡曲よりも似た気配を持つ童謡について語る情報は確認できない。また、近現代の日本語詩の中で、草野マサムネが影響元として名前を挙げるのは草野心平や谷川俊太郎である。草野心平の詩のオノマトペの使い方や滑稽なナンセンスの感覚が、スピッツの歌詞に近しいのは確かだ。〈五千光年の夢〉（1991年）という曲名は、谷川の詩「二十億光年の孤独」を意識して付けたものだと草野が明言している〈※10〉。しかし、草野マサムネの歌詞と共通点を有する野口雨情の詞

〈※10〉「ロック大陸漫遊記」2021年9月12日放送「作詞の師匠で漫遊記」の草野の発言を参照。

についてはいっさい言及していない。

　草野は、自分たちの音楽が「安心して聴けるもの」として需要されることに抵抗感を表明している〈※11〉。本人にとっては刺々しい表現を意識していても、多くの人々には「安心できるもの」「優しいもの」として受け取られてしまう。言い換えれば、スピッツの〝とげ〟が無視され、〝まる〟ばかりが強調されてしまう。そのアンバランスさを、スピッツの4人は意識せざるを得ない。「安心して聴ける」のは、スピッツの楽曲に唱歌・童謡の側面があるからだ。日本人の感性にこびりついたメロディーの感触を、スピッツの曲は想起させる。だからスピッツは「優しい」し、「なつかしい」し、「安心」できる。それがスピッツの人気の理由でもあるのだが、本人達に居心地の悪さを与える原因にもなる。

　おそらく、唱歌・童謡との類似は、スピッツが意識して狙ったものではない。結果的にそうなってしまうのだ。それは作曲者たる草野マサムネの感性によるものかもしれないし、草野の声変わり前の児童のごとき声域の高さが、「こどものうた」と相性がいいからかもしれない。いずれにせよ、スピッツは自らの唱歌・童謡性に、居心地の悪さや恥ずかしさを感じているはずだ。その恥ずかしさは、彼らの楽曲の中にも顔を出している。

　スピッツは多くの場面で気恥ずかしい「情けなさ」を表現してきた。彼らが多用する2度セブンスの和音は少し奇妙な、情けない情感を含み、爽やかな楽曲にさりげない臭味を加えている。〈海とピンク〉〈テレビ〉といった初期の楽曲のイントロで情けなさが醸し出

〈※11〉
「SNOOZER」2000年8月号「草野マサムネが選ぶ『スピッツを作った10枚』」p.57

スピッツ（1991）《名前をつけてやる》UNIVERSAL MUSIC, POCH-1103.

されているのも第1章で示したとおりだ。〈ハヤテ〉の「かっこよく鳴りひびいた口笛／振り向くところで目が覚めた」や、〈ナサケモノ〉の「これを恋というのなら／情けない獣さ」などの歌詞では、情けなさを直接的に描き出している。

情けなさは楽曲内でのみ見つかるものではない。《名前をつけてやる》のアルバムジャケットはミラーでゆがめられた猫の写真だ。後に〈猫になりたい〉という曲がファンクラブの人気投票で1位を獲得するように〈※12〉、「猫」はスピッツを表す記号として確立していく（スピッツというバンド名自体は犬の品種であるにもかかわらず）。その猫が歪んでいるところに、スピッツのひねくれた感じが共振しており、こちらもスピッツというバンドを象徴するジャケットといえる。

《名前をつけてやる》のジャケット用に、猫の横顔を映した、もっと冷たくスタイリッシュな印象をもつ別バージョンの写真も用意されており、デザイナーの梶谷芳郎はこちらを推していた〈※13〉。しかし、草野はスタイリッシュな形は自分たちに合わないと考え、現在のジャケットとなっている、太って映るふてぶてしい猫の写真を選択した。自分たちにはストレートな

〈※12〉《花鳥風月》のCD特典「スピッツ／花鳥風月特別対談」における草野の発言参照。

〈※13〉『スピッツのデザイン』エムディーエヌコーポレーション、2018年、p.13

「カッコよさ」は似合わない、どこか情けないところがあるほうがいいと考えていたことの反映が、ジャケットにも表れる。

スピッツというバンドは、洗練された雰囲気をまとえないバンドだった。そのことを本人達も意識しており、むしろイケてない情けなさを表現の中に含めていくことで、自らの個性にしようと努めてきた。だが、彼らにとっての「恥ずかしさ」や「情けなさ」は、彼ら4人のみに還元できるものではない。これらは、日本人が共通して抱える感情である。

## 唱歌・童謡の恥ずかしさ、情けなさ

私たちの多くは、唱歌にも童謡にも強い誇りは持ってはいないだろうし、ことさらの敵意も持ち合わせていないだろう。要するに、好きでも嫌いでもない。育った場所の音風景として、あまりに自然に受け止めている。ただ、その音楽の鳴る空間には、幾分かの恥ずかしさを覚える。どこかいたたまれない気分へと、私たちは連れて行かれてしまう。

しかし、恥ずかしさとはなんだろう。懐かしさや安心感はまだわかる。子ども時代の記憶とつながるだろうし、「童謡は懐かしいもの」という社会的な空気も形成されているだろう。ではなぜ、恥ずかしさを覚えるのか。それがあまりに無意識に浸透しているため、自己を見透かされたような感覚に陥るのか。仮にそうだとして、なぜその無意識が恥ずかしいのだろうか。答えを端的に言ってしまえば、唱歌や童謡が、アメリカ化されていない音楽だからだ。

開国期にヨーロッパ文化が日本に侵入したように、第二次大戦の敗戦後はアメリカ文化が日本を覆い尽くした。明確な勝敗と直接の支配が付随していた以上、この侵入は明治期より徹底していただろう。軍事的、経済的に米国の保護下に置かれ、文化的にはアメリカにおける「かっこよさ」が人々の意識に植え込まれた。ジャズもフォークもロックも、アメリカのものだった。今では「日本的」だと思われる歌謡曲も、戦後に入ってきた北米や中南米の音楽に多くを負っている。マクドナルドとジーンズがアメリカ産業であることは、今更付け加えるのも馬鹿馬鹿しいほどの自明さだ。プラモデルもアニメーションもアメリカなしには成立しなかった。敗戦以後の日本人の意識のアメリカ化はもはや前提になっており、その前の日本人の世界観など想像の埒外である。だから、明治・戦前の音楽である唱歌と童謡は恥ずかしさを覚えさせる。それは西洋式音楽を基調としている以上、純邦楽のような彼岸の他者ではない。だが、アメリカの侵入を通過していない以上、戦後の音楽ほどの近さもない。子どものころから知ってはいるが、自分のアイデンティティを捉えた音楽ではない。戦後に生まれた人間にとってはむしろ、自己同一性を脅かす音楽なのだ。私たちの感性はアメリカ化されているが、アメリカそのものではない。アメリカに侵略されて支配された側の人間だ。私たちが侵略者に感性まで侵されていることを、唱歌・童謡という微妙な歴史的距離を持つ音楽は暴いてしまう。

スピッツは、明治から敗戦までに培われた感性に基づく唱歌・童謡のメロディに、戦後の日本を文化的に囲ったアメリカの中でももっとも大きな音楽産業となったロック・ミュージックのフォーマットを重ねたバンドだ。少年期に憧れてしまったロックと、自分が幼少期に形成せざるを得なかった唱歌・童謡的感性の間に、支配と被支配の分裂が生じざるを得なかったことを、その音楽は証明している。しかも、幼少期に身につけたメロディ感すら、元々は外来のものでしかない。民族的な根のようなものが仮にあったとしても、それはすでに私たちの感性からそぎ取られている。戻るべき場所もない現在地で、ただ引き裂かれている状態で生きるしかない。それこそ、大江健三郎や村上隆やはっぴいえんどが見出した、「スキゾフレニックな日本の私」ではなかったか。

そんな引き裂かれた状態でアメリカ産の音楽を奏でる日本人の「私」は、とても恥ずかしく情けない。だから、スピッツはあらゆる手段を用いて「情けなさ」を描き出す。スピッツの「分裂」は、日本の「分裂」を生きる人間のドキュメントだ。「ずっと　まともじゃないって　わかってる　〈正夢〉」と草野マサムネが歌うとき、それは日本人全般について歌っているように聴こえる。

## 〝日本〟であって〝日本〟ではない

前述のとおり、90年代は文学や音楽などあらゆる分野において〝日本〟と〝アメリカ〟との分裂が意識される時期だった。それは長らく続いた冷戦が終わった後の混乱に起因するかもしれない。情報技術の発達に伴う経済の地球規模の密接化（いわゆるグローバリゼーション）の中で、日本経済がバブル崩壊以降尻すぼみになったことがきっかけになったのかもしれない。兎にも角にもスピッツは、国家にとっての分裂が、人々の意識に上る時代に登場したバンドである。

スピッツを国民的な人気バンドへと押し上げた〈ロビンソン〉が発売されたのは、1995年4月のことだ。それは阪神・淡路大震災と地下鉄サリン事件の直後にあたる。日本の社会で広く知れ渡る二つの事件と、一つのバンドのシングル発売との共時性は、ただの偶然かもしれない。しかし、スピッツの音楽が日本人の感じる「分裂」に成り立つものであることを思えば、これを偶然と片付けることはできない。戦後初めて、大規模な人的被害をもたらした巨大な地震。オタクカルチャーの意匠を取り込んでいた宗教団体による、無差別テロ事件。それは、日本という国の脆弱さや情けなさを、人々に思い知らせる契機となった。1995年が戦後50年にあたる節目だったことも、〝日本〟というものの再考を喚起した。

スピッツの音楽は、あるレベルでは懐かしさを思い起こさせ、別のレベルでは情けなさを感受させる。また別のレベルでは、〝日本／アメリカ〟という国家的な分裂を表現する。彼らの楽曲は、日本人に一種の安心を与え、同時に、自分達が生きる場所の地層を示す。つまり、強い分裂を内包した〈ロビンソン〉は、不安定な状況を生きる多くの日本人に求められた楽曲だったといえる。

スピッツの商業的な成功は〝日本〟と強い関連を持っている。だが、本章の冒頭で記したように、彼らの表現を〝日本〟とイコールで結びつけることにも、激しい違和感が付随する。草野マサムネが「安心できるもの」としてスピッツが受容されることに抵抗を示したのは、スピッツ＝〝日本〟の等式に抗う意識が働いているからではないか。その等式を人々が感じとったためにスピッツはブレイクすることになったが、彼らにとっては決して本意な状況ではなかった。一つの国民国家のイメージに収まることを拒む彼らの性質、すなわちスピッツにおける〝周縁〟性については、次章で詳らかにしていく。

# 〈第6章〉居場所について——〝中心〟と〝周縁〟

スピッツは、〝周縁〟に自らの場所を見出そうとする。〝中心〟は居心地が悪くていたたまれない。そうした彼らの心性は、彼らが聴いてきた音楽をどのように咀嚼して、自らの音楽に加えているかを知ることで確かめられる。また、特定の作家の音楽について考えるとき、なにに影響を受けたかだけでなく、なにに影響を受けなかったかを見るのも重要となる。そこに作家の矜持が浮かぶ場合が多くあるからだ。

スピッツの場合は、とくにビートルズとローリング・ストーンズからの影響があまり見られない点が特筆に値する。ロック・ミュージックにおいて、1960年代にイギリスから現れたこの二つのバンドがその歴史の中心に位置することに、異論を唱える人はいないだろう。もちろん、エルヴィス・プレスリーやボブ・ディランの方が重要だと考える人もいるが、ビートルズとストーンズの重要性自体は否認できないだろう。英国に現れて一世を風靡し、全世界に影響を与え、それ以降の音楽世界の地図を一新してしまった彼らはもはや、人類の来歴の1ページを担う、歴史的・神話的な存在だ。

ここ日本においても、この二つのバンドの影響はあからさまだ。作詞家の阿久悠は、1966年のビートルズ来日の衝撃を「黒船」と形容しており、60年代のGSブームは、ビートルズ来日が一つのきっかけになったと語っている〈※1〉。また、日本で最初の売り上げ100万枚のアルバム《氷の世界》（1973年）をつくった井上陽水の曲には、ビートルズの楽曲からの影響が多く窺える。〈夢の中へ〉〈あかずの踏切り〉などの初期の楽曲はビートルズの〈I Want to Hold Your Hand〉〈Birthday〉などに類似しており、1990年発表の〈少年時代〉のイントロは〈Let It Be〉によく似ている。そもそも〈Yesterday〉や〈Let It Be〉といったビートルズの楽曲は、カーペンターズなどと並んで、音楽教科書に入ることも多い、「代表的な洋楽曲」である。一般に広く知られている点も踏まえれば、ビートルズの日本人への影響は計り知れない。

一方で、ローリング・ストーンズの曲が教科書に載ることは少ない。いくつか理由が考えられるが、一つには犯罪的・不良的なイメージが日本では強いためだろう。故に、ビートルズほど影響は広大ではないだろうが、それでも日本の音楽世界に大きな影響を与えていることに変わりはない。なにより、ロックバンドのイメージを決定づけているのがストーンズである。たとえば、一部では評価されながらまったく売れないフォークグループだったRCサクセションが、80年代にロックバンドとして再始動して、全国区の存在となるときに参照したのがストーンズだった。フロントマンである忌野清志郎は、ストーンズのイメージを借りることで、お茶の間にまで知られるミュージシャンとなった。

また、矢沢永吉は元々は初期の（ハンブルクのライブバンドだった時代の）ビートルズ

〈※1〉阿久悠『夢を食った男たち』毎日新聞社、1993年、第六章「鎮魂歌を歌わないために」参照。

をモデルとしたバンド、キャロルのベーシスト兼シンガーだった。しかし、彼がソロになって大きな人気を獲得するときに参照としたのも、ローリング・ストーンズのミック・ジャガーだった。マイクスタンドを持って体に近づけたり離したりする動作、間奏中にステージを歩き回りながら手拍子や口の動きで客席を扇動する仕草、片足を上下させるリズムの取り方などはミック・ジャガーと矢沢永吉に共通するステージングで、矢沢はストーンズを経由することで日本のロックスターとなっている。「キヨシロー」と「永ちゃん」というロックアイコンは、ミック・ジャガーとローリング・ストーンズなしに考えられない。また、関西地区では70年代からブルースが盛んで、古くには上田正樹や憂歌団、その後にはくるりやaikoがブルースフィーリングをもったポップスでヒットを出している。こうしたブルース・ミュージックの浸透も、ブルースから強い影響を受けて、ロックンロールとして再構築したストーンズからの影響抜きには考えられないだろう。

### 90年代におけるビートルズとストーンズ

このように、ビートルズもストーンズも、日本のバンドシーンで強大な存在感を発揮している。とくに、スピッツがブレイクした90年代中期には、ビートルズのリバイバルブームのような状況があった。イギリスのバンドが「ブリットポップ」の名の下で大きく活躍し、その代表格だったオアシスはビートルズからの強い影響を公言していた。95年末にはビートルズの未発表曲集《ザ・ビートルズ　アンソロジー》が発売され、欧米でも日本でもヒットした。そうした状況は、いくつかの日本のミュージシャンの曲にも反映されている。

〈抱きしめたい〉〈Tomorrow never knows〉など、ビートルズから引用した曲名でヒットを飛ばして一躍有名になったMr.Childrenは、〈Ticket To Ride〉風のリズムとギターフレーズを持つ〈名もなき詩〉、〈Hello, Goodbye〉と同じドレミファソラシドと上昇するメロディが特徴的な〈ありふれたLove Story～男女問題はいつも面倒だ～〉など、よりビートルズ色の強い曲を96年に発表している〈※2〉。サザンオールスターズは96年のアルバム《Young Love》の冒頭曲〈胸いっぱいの愛と情熱をあなたへ〉で、中期ビートルズを思わせるコード進行と音色を示した。奥田民生がプロデュースしたＰＵＦＦＹや、95年に〈KNOCKIN' ON YOUR DOOR〉がミリオンヒットとなったL↔Rも、ビートルズに近しい曲を多く発表している。それに対して、同時期に発表されたスピッツのアルバム《ハチミツ》《インディゴ地平線》には、ビートルズ的なコード進行や音色は確認できない。正確に言えば、〈涙がキラリ☆〉のサビ後半でベースが半音ずつ下がる進行を持ってくるのはビートルズの〈Something〉と近しいし、〈チェリー〉のイントロのコード進行は〈Let It Be〉に似ている。しかし、ＰＵＦＦＹが〈これが私の生きる道〉において〈Please

〈※2〉
〈ありふれたLove Story～男女問題はいつも面倒だ～〉はキーがGメジャーなので正確には「ソラシドレミファ♯ソ」だが、主音をドと考えれば「ドレミファソラシド」になる。〈Hello Goodbye〉はCメジャーキーなので、サビのメロディは「ドレミファソラシド」そのものである。

Please Me〉や〈Day Tripper〉のリフなど、多くのビートルズの曲を引用しているのと同じような、意識的な影響の表出は見られない。また、ブルーハーツやエレファントカシマシなど、スピッツのメンバーが聴いていたバンドの曲にはストーンズを下敷きにした楽曲があるが、スピッツの楽曲には見つからない。

60年代の英国のロックバンドでいうならば、スピッツから感じるのはビートルズやストーンズではなく、キンクスやゾンビーズだろう。キンクスの〈Lola〉や〈Waterloo Sunset〉といった曲の、アコギのストロークとエレキの単音ギターの絡み、短7度を含んだ和音はスピッツの〈インディゴ地平線〉〈ほうき星〉に近しい感触があるし、〈This Will Be Our Year〉や〈Brief Candles〉といったゾンビーズの曲のメロディやキーボードの音は、〈Y〉や〈初恋クレイジー〉を思わせる。しかし、キンクスもゾンビーズも、メロディアスかつ独創的なサウンドで後世に広く知られるバンドではあるが、ビートルズほどの知名度はない（とくに日本では）。

スピッツにおける歴史的・神話的なバンドからの影響の少なさは、単に彼らの趣味では片付けられない。そこには、「中心からズレていたい」という彼らの傾向が垣間見れる。世界的な権威であり、自分たちの周りにもその影がちらつく音楽から、距離をとっていたい。中心的な存在とは別の表現をとりたい。とはいえ、実験性や高度なテクニックをことさら強調するのは得意とするスタイルではないし、歌謡曲や売れ線のロックへの愛着もある。現存するものとは別のロック、ポップスをつくるというのがスピッツのスタイルだった。「別の選択肢」、語義通りの「オルタナティブ」を模索していたのが、スピッツというバンドだ。

## ピクシーズの〝周縁〟性

そうした彼らの心性と共振したバンドが、第5章でも名前を挙げたピクシーズだろう。アメリカ合衆国の中でもヨーロッパ文化の匂いを漂わせる街、ボストン出身のピクシーズは、80年代後半にインディのロックシーンに登場した。音数の少ないスカスカのサウンドの中で、突如発狂するギターとボーカルの叫び。シンプルでポップなコード進行に急に不協和音やフラメンコ風の短調がさしこまれる楽曲のねじれ。聴きやすさの中に歪さを差し挟むスタイルは、一見正常に進む世界に垣間見える不安や狂気を描く歌詞によってより強烈なものとなる。ピクシーズの音楽は、中心にはならない「別の選択肢」としてのロック・ミュージックだ。フロントマン、ブラック・フランシス（現フランク・ブラック）の肥満体型で薄毛という、ロックスターのイメージとはかけ離れた外見も、それまでのロックの固定観念からズレるものだった。スピッツは、バンドをはじめた時期に海の向こうで自らと近い志向を実現したバンドと出会うことになる。ピクシーズの存在は、スピッツの一つの指針となったことだろう。曲でみても、第5章で確認した〈空も飛べるはず〉のほか、〈鳥になって〉〈波のり〉〈テレビ〉〈メモリーズ〉などにピクシーズからの影響が感じられる。しかし、楽曲以上に彼らの「中心からズレる」周縁的なスタンスが、スピッツに影響を与えているだろう。その意味では、直接的に音を参照したライドよりも、ピクシーズがスピッツに与えた霊感は大きい。

スピッツの同世代のバンドとしては、アメリカにはニルヴァーナがいるし、イギリスにはレディオヘッドがいる。両者ともピクシーズから大きな示唆を得て、それまでメインストリームで受け入れられなかったサウンドで大きな注目と商業的な成功を得て、「別の選択肢」を示した。彼らの音楽とスピッツのそれはかなり異なるが、同時期にそれぞれの国の中心的な潮流とは離れたままポピュラリティを得て、90年代を代表する存在になったという点で、3組すべてが「オルタナティブ」なバンドだったといえる。

草野マサムネはピクシーズのフロントマン、ブラック・フランシスの発言「ロックンロール・レコードなんてものは本当はデブで間抜けな、友達のいない子供に向けて提供されるべきもの」〈※3〉を好きな言葉としてインタビューで語っていた〈※4〉。2013年の《小さな生き物》以降、スピッツは「ロック」という言葉を以前より使うようになった。スピッツがロックを強調するとき、それはブラック・フランシスがいうようなはみ出し者の音楽、〝周縁〟者の音楽であることを意味している。もちろん、スピッツは常にはみ出し者をア

〈※3〉
「ロッキング・オン」1991年11月号、p.36

イデンティティとして抱き続けてきたバンドであるけれども、《小さな生き物》以降は、とりわけ〝周縁〟者であることを再定義した時期だ。

## 〝周縁〟としてのロック・ミュージック

２０１３年の《小さな生き物》以降、２０１６年《醒めない》、２０１９年《見っけ》と、スピッツは3年ごとにアルバムを発表していく。その流れの中で確かめられるのは、彼らが自らの表現の〝周縁〟性を、間口の広いメジャー感、つまり〝中心〟性と混ぜ合わせていく技術の高まりである。

かつて《Crispy!》でホーンセクションが差し挟まれたとき、その派手な音調は不調和に浮き足立っていたが、《小さな生き物》《醒めない》で相鳴るホーンは非常にさりげなく、意識して聴いていないと鳴っていることにさえ気づかない。音量が小さいわけではないのに、場違いな主張はせず、自然とバンドの音に溶け込んでいる。キーボード類の音（ピアノ、オルガン、シンセサイザー等）も、メインではなく、あくまでバンドサウンドに添える形で鳴らされている。ピアノからはじまる〈コメット〉や〈ヒビスクス〉といった曲も、途中からギターが伴奏の中心となる。かつての〈君が思い出になる前に〉や〈楓〉や〈優しくなりたいな〉では、キーボードがより強く前に出ていたのに。

〈※4〉
この発言については、出典を確認できなかったが、音楽チャンネルViewsic（現MUSIC ON! TV）で放送されていたインタビュー番組「セルフライナーノーツ」の《ハヤブサ》の回で、草野マサムネがこのような趣旨の発言をしていたと筆者は記憶している。

ホーンセクションやキーボードの加算は日本のポップスとして聴かせるための工夫の一つだが、逆にオルタナティブ性を出す工夫としてみられるのが、変拍子やリズムチェンジの導入だ。〈scat〉〈こんにちは〉といった楽曲では、今までになかった7拍子のパートが加わる〈※5〉。これは1970年代のプログレッシブロックや1990年代のポストロック、マスロックといったジャンルで使われる傾向にあり、歌を中心に置いた場合に余計な要素になりかねないリズムだ。2013年の〈scat〉の時点ではインスト曲だったが、2016年の〈こんにちは〉では歌のストレートさとリズムのひねくれたフィーリングが無理なく両立している。〈子グマ！ 子グマ！〉〈まがった僕のしっぽ〉といった曲では、途中で主音もリズムも突然に変化する。こうしたアレンジもプログレッシブロックを想起させるものだ。4人のインタビューでも、〈まがった僕のしっぽ〉には「ブリティッシュ・プログレ」を感じると語っている〈※6〉。ただ、プログレッシブ・ロックの曲が長大になる傾向にあるのに比べ、スピッツの曲は変化が大きくても短く終わる。ひねくれていても、あからさまな逸脱に至らない。バランスを取ることの巧みさが、2010年代以降のスピッツに際立っている。

《醒めない》では、「ロックバンド」であるというバンドの自己認識が表に出た。冒頭を飾る表題曲〈醒めない〉は、スネアを強く強調したシャッフルビートに乾いたギターと硬いベースが乗る曲である。ホーンセクションも含めて、初期のロックンロールやモータウ

〈※5〉
《スーベニア》収録の〈みそか〉の間奏で、8拍子＋7拍子を2回繰り返すパートがあるが、純粋な7拍子のみのパート（しかもイントロのパート）が現れる曲は〈Scat〉が初。

〈※6〉
「MUSICA」2019年11月号、p.33

ン・レコーズ〈※7〉の楽曲を感じさせる。50～60年代初頭のアメリカ音楽を参照としながら、サビのフレーズではこのように歌われる。

まだまだ醒めない　アタマん中で　ロック大陸の物語が
最初ガーンとなったあのメモリーに
今も温められてる
さらに育てるつもり

かなり率直に、ロックから受けた衝撃を表した歌詞となっており、楽曲の律動と揺続とが合わさって、ロック・ミュージックへの回帰の印象が強まる。「ロック大陸」というフレーズはのちに「草野マサムネのロック大陸漫遊記」に援用されるが、草野が古今東西のロック・ソングをかけ続けるこの番組においても、彼のロック音楽への愛着は存分に発揮されている。

ロックリスナーとしての4人の性質が如実に現れたのが《醒めない》というアルバムであり、初期のスピッツへの回帰以上に、バンド結成以前の少年期～青年期の音楽への愛着に立ち戻った感触がある。

〈※7〉
アメリカ合衆国ミシガン州デトロイト発祥のレコードレーベル。60～70年代にシュプリームズ、テンプテーションズ、マーヴィン・ゲイ、スティーヴィー・ワンダー、ジャクソン5などのミュージシャンのヒット曲を多く発表した。アフリカ系アメリカ人が所有する独立系レーベルとして、大きな影響力を発揮する。

## 中途半端なバンド

スピッツの〝周縁〟性は最初、彼らの音楽からわかりやすさを奪っていた。馴染みのない表現、聞いたことのない楽曲に人が触れるとき、そこに理解できる文脈がないと人はすぐには入り込めない。単純な例を出せば、「この女性歌手はR＆Bを歌っているんだ」「このバンドはブラックメタルを演奏しているんだ」「この男はアメリカ出身のラッパーだ」といった文脈の了解があって初めて、人はその音楽の楽しみ方を位置付けられる。

第3章にも書いたとおり、スピッツはアンダーグラウンドでもメジャーでもない、パンクでもサイケでもない、ロックとも歌謡曲とも言えないという、非常にわかりにくい文脈をもったバンドだった。端的に、スピッツの立ち位置は中途半端だった。

ブルーハーツの巨大な影響力から脱するため、草野マサムネがアコギを持ってステージに上がりはじめた頃、スピッツは周りの激しく派手なバンドに挟まれて、地味な、「箸休め」的な存在とみなされてしまう。複数のバンドが入れ替わり演奏するイベントで、前の出番のバンドの時は客席前方で盛り上がっていた女の子たちが、スピッツの出番になると後ろに引っ込んでお菓子を食べながら休憩している。そんな光景も繰り広げられたという〈※8〉。スピッツの中途半端さ、わかりにくさを端的に示すエピソードだろう。

〈※8〉
スピッツ『旅の途中』幻冬舎、2007年、p.71～72

インディーズ時代のスピッツは、それでも少しずつ人気を得た。継続的なライブ活動や自主製作のシングル盤の発売をとおして次第に注目を集め、89年には当初の目標であった人気ライブハウス「新宿ロフト」への出演を果たした。89年7月のロフトでのワンマンライブでは300人以上の動員を集めている。折しも時代はバンドブーム。バブル景気に沸く日本社会を背景に、多くの若者が自己表現としてバンドを選択し、原宿の歩行者天国、通称「ホコ天」には毎週末多くのバンドが表れ、パフォーマンスを披露していた。このブームと連動するように、1989年2月にはTBSでオーディション形式の音楽番組「三宅裕司のいかすバンド天国」、通称「イカ天」の放送がはじまる。深夜放送ながら大人気を博し、BEGIN、たま、LITTLE CREATURES、BLANKEY JET CITYといった、のちに名を成す多くのバンドを輩出した。当時注目を集めはじめていたスピッツにも、「イカ天」出演の話があった。しかし、彼らはテレビ業界の力学の中でバンドが消費される傾向に危惧を覚え、出演の話を断っている〈※9〉。この判断が正解か不正解かを外部から下すことはできない。後にスピッツが成功しているとしても、あくまでそれは結果論だ。確かなのは、テレビ出演を断ったスピッツがメジャーデビューを果たす91年には「イカ天」は終了しており、バブル経済の破綻と踵を接するようにバンドブームも終息していたことだ。スピッツはバンドが注目を集めなくなった、「中途半端」な時期に世に顔を出した。

〈※9〉
スピッツ『旅の途中』幻冬舎、2007年、p.72～74

## 渋谷系とV系の狭間で

スピッツの「中途半端さ」は、同時代の日本の音楽文化の動向を見ることで、より明確になる。

90年代に、インディーズバンドの流行の近隣にいながらそれとは心中せず、独自の価値観で強いファン層を築いた二つのシーンがある。一つは、フリッパーズ・ギターやピチカート・ファイヴ、ブリッジといたバンドに代表される、のちに「渋谷系」と呼ばれる一連の音楽家群だ。80年代のイギリスのインディー・ミュージックから多大な影響を受けつつ、豊かな音楽知識を武器に、ファッショナブルなスタイルを表象した。フリッパーズ・ギターの片割れ、小沢健二はバンド解散後、ソロ名義で人気歌手となって紅白歌合戦に出演し、もうひとりの小山田圭吾は「コーネリアス」を名乗り、海外でも人気を博すアーティストとなっていく。未だに語られることの多い、影響力の強いムーブメントが「渋谷系」だ。その運動がクラブカルチャーと結びつき、やがて宇多田ヒカルやＭＩＳＩＡのような大ヒットシンガーの誕生に繋がっていく。

もう一つのシーンは、メタルやパンクや歌謡曲やヤンキー文化の要素を混ぜながら、独特の美意識で人気を集めた、のちに「ヴィジュアル系（Ｖ系）」と呼ばれるバンド群だ。

彼らはイギリスのインディー・ミュージックの中でも「ゴス」と呼ばれる、化粧を顔に施してダークな曲調を奏でるバンドたちに影響を受け、そこにヘヴィメタルのサウンドや日本の大衆曲のメロディーセンスを融合させた。BOØWYやX（のちにX JAPAN）が先陣を切り、90年代後半にはGLAY、LUNA SEA、L'Arc〜en〜Cielといったバンドがミリオンセールスを連発する大ブレイクを果たした。

90年代の日本のポピュラー音楽を分析するにあたり、批評家兼トラックメイカーの吉田雅史は「渋谷系」と「V系」を一つのコインの裏表だと語る〈※10〉。この二つのシーンは、女性ファンとの結びつきが強い。V系のファンは、バンドと同じように化粧や派手な衣装で「仮装」し、渋谷系のファンは、日本の文化とは乖離したヨーロッパのお洒落なファッションに「仮装」する。前者は俗に「バンギャ」と呼ばれ、後者は（渋谷系と強い関係のあった雑誌の名から）「オリーブ女子」と呼ばれる。

また、両者は「引用」という側面においても共通性を持つ。渋谷系は、海外の音楽の意識的な引用を行った。80年代にCDが誕生すると、タワーレコードやHMVといった外資系CDショップで膨大な過去カタログが並び、多様な音楽へのアクセスが容易になった。引用元も多岐にわたる事になる。そうした産業の変化を背景に、引用の強調によって一つのジャンルを「仮装」できることを示したのが渋谷系だ。V系は、ゴスやメタルや歌謡曲といった音楽的参照元だけでなく、文字通り「ヴィジュアル」を「引用」した。キッス、

〈※10〉
吉田雅史「翻訳から仮装へ――「系」をめぐる九〇年代音楽論」（『1990年代論』大澤聡 編著、河出書房新社、2017年、p.268〜278）

デヴィッド・ボウイ、バウハウスといった海外のバンド、あるいはそこから影響を受けた沢田研二や忌野清志郎のような日本のスターから、自らのヴィジュアルイメージを築き上げる。彼らは文字通りの「仮装」を行ったのだ。

　渋谷系は東京中心の文化系カルチャー、V系は地方中心の体育会系カルチャーという明確な違いを持ちながら、両者は「仮装」と「引用」という2点で共通している。そして、両者の音楽と、ファンとの関係性は、「現実から遊離した幻想に溺れたい」という欲望に対応している。こうした文化は、Jポップという〝中心〟的磁場からの〝周縁〟として現れるが、やがてはその〝中心〟に同化していくことになる。GLAYや小沢健二の大衆的ブレイクは、その一つの証左だろう。1999年の「天皇陛下御即位十年をお祝いする国民祭典」では、X JAPANのYOSHIKIがピアノ協奏曲形式の奉祝曲〈Anniversary〉を作曲・演奏した（同式典にはGLAYのメンバーも参加している）。2021年には、MISIAが東京オリンピック・パラリンピックとフジロックフェスティバルで国歌斉唱したことも、コーネリアスこと小山田圭吾がオリンピック・パラリンピック開会式の作曲担当に選ばれたことも（そしてスキャンダルが原因で辞退したことも）記憶に新しい。V系も渋谷系も、やがては日本の〝中心〟を生きる文化となっている〈※11〉。

　スピッツは、渋谷系のミュージシャンが参照元としたネオ・アコースティックやシューゲイザーといったジャンルの音楽から影響を受けていたし、V系バンドの起源であるバウ

〈※11〉
もちろん、「V系」や「渋谷系」の周辺にいたすべての作家がJポップの磁場に引きづられたわけでも、国家機関と関係を持ったわけでもない。スピッツと同じように、商業的に成功しながら〝中心〟を避け続ける音楽家もいる。おそらく、BUCK-TICKや小西康陽はそのような存在だ。ただ、シーンの真ん中で長らく活動し、多大な影響を及ぼした作家たちが〝周縁〟から〝中心〟へと足場を移したことは、徴候的な事実として認められる。

ハウスやザ・キュアーといった英国のゴス／ネオサイケのバンドとも音楽的接点があった。にもかかわらず、スピッツはどちらの流れにも与することはなく、「〜系」とくくられない立ち位置に居続けた。カテゴリー付けの難しい、「中途半端」なバンドとしてスピッツはリスナーやメディアの前にいた。90年代の日本の音楽について人が回想するとき、渋谷系やV系、あるいはプロデューサー名やレコード会社名からとられた「小室系」や「ビーイング系」についてはは触れられても、90年代を通して活動を続け、人気も評価も高かったスピッツに関して言葉があてがわれないのも、この中途半端さゆえのことだろう（吉田の文も彼らに言及していない）。スピッツは「引用」は行っているが、「仮装」はしなかった。「仮」の「衣装」を着ることはできなかったのだ。

## 美しいクニに居場所はない

どこかの枠に収めようとしてくる外部の圧力をいつも拒み、そこから逃れ続け、自分たちのキャラクターをことさらに主張しないという形で、バンドとしてのアイデンティティを築いていったスピッツ。彼らはファッションに関しても、ことさらに独特のスタイルを押し出すことなく、主張の強くない服を着る。結果、ビジュアル面でもどっちつかずな、中途半端な位置を取り続けることになった。彼らが抱えた「中途半端さ」は、商業的な運営にとって大きな枷にもなっていたが、弱点に思える自らの特徴を彼らは強みに反転させて、30年間を生き残ってきた。この特徴抜きに、彼らの表現を考えることは難しい。

これはまったく冗談ではないのだが、スピッツのメンバー4人のルックスは、〝とげ〟と〝まる〟に引き裂かれる中途半端さを見事に表象している。草野マサムネ、田村明浩、﨑山龍男の3人のファッションは、一般的な日本人男性の服装コードから外れないものとして整えられている。彼らがまとうシャツにしろ、Tシャツにしろ、パンツにしろジャケットにしろ、街を歩いていて目を引くものではない。例外は三輪テツヤで、サングラスに奇抜な髪形（時期によってモヒカンだったりドレッドだったりするが、強い特徴がある点で一貫している）のスタイルは、ほかの3人と並ぶとあからさまに浮いている。おそらく三輪本人の趣味嗜好に乗っ取ったスタイルだろうが、彼は視覚効果の面で〝とげ〟の役割を確実に担っている。そして、三輪がいることで、スピッツが見た目だけではどのようなスタイルのバンドか、判然としなくなる。スピッツという存在に慣れた私たちはもはやそのアンバランスさを自然に受け止めているが、最初に彼らを見た人は視覚面での不均衡に戸惑ったことだろう。

２０１３年の《小さな生き物》に収録された〈りありてぃ〉という曲のサビで、草野マサムネは「変わった奴だと言われてる／普通の金魚が二匹」と歌う。ラモーンズやチープ・トリックを思わせるブリッジ・ミュートのパンク・ロックに乗せて、「変わった」と「普通」

を並列する。エッジの効いたサウンドと、草野の柔らかい声は、〝とげ〟と〝まる〟の心地よい不調和を持続する。そうした、どっちにもとれる中途半端なスタイルを保つのが、スピッツにとっての「りありてぃ」である。

同曲では、「正しさ以外を欲しがる」「さらし者のツミビト／明日は我が身隠れて」と歌われることにも注意したい。ポップ・ミュージックの世界で成功しながら、半端な位置を取り続けるバンドがスピッツだ。「正しさ」を欲望せず、「ツミビト」の意識を抱えることを表現する歌の感触は、彼らの活動のスタンスにも当てはまる。渋谷系やV系のスター達は、気づけば日本の〝中心〟と近しくなった。一方、日本が抱えた条件を期せずして捉えてしまった4人組は、〝中心〟とは緊張した距離感を常に保ち続ける。どこまでも彼らは、〝周縁〟を生きる存在たることを選んだ。

《小さな生き物》には〈遠吠えシャッフル〉という曲も収録されている。当曲の歌詞は

正義は信じないよずっと
鳴らす遠吠えのシャッフル

からはじまる。スピッツというバンド名が「弱いくせにきゃんきゃん吠える犬」として自虐的につけられたことを考慮にいれると、自らが示したアイデンティティを再確認する

ような言葉であると考え得る。2番では、

居場所があんのかわかんねぇ
美しすぎるクニには
シカトされても　はぐらかされても
茶碗で飲みほすカフェラテ

という歌詞の連なりとなる。「美しすぎるクニ」は、当時の日本国内閣総理大臣、安倍晋三の著書『美しい国へ』（2006年）を否応なしに想起させる。スピッツにしては珍しく（本当に珍しく）、政治事象に対するステートメントとして読まれる歌詞が登場し、日本政府が定めようとする規範に乗らない（乗れない）はみ出し者であることを表明する。〝周縁〟性は常にスピッツの重要な要素だったが、それを社会との関係も踏まえた上で明確に表現した言葉は、今までにはなかった。「茶碗」と「カフェラテ」を重ねる不調和は、どこにも属さない場所を受け入れる態度の表明にも聴こえるし、〝日本／アメリカ〟（この場合は欧米全般か）の分裂状況を表しているようにも聴こえる。題名通りのシャッフルビート（3連符の真ん中の音を休符にしたリズムパターン）の軽やかさと、二つのパートを繰り返すだけの単純な構造に乗っかることで、違和感のステートメントが重くなりすぎずに表現される。〝日本／アメリカ〟の分裂は確かに日本という国家の条件だが、日本という一つのまとまりには、居場所などない。ここで、「美しすぎる」という言葉が、音と言葉の分裂構造によって否定されていることに、「美しい日本の私」と「あいまいな日本の私」の対比を重ねることもできるだろう。いずれにせよ、スピッツが2010年代に入っても〝中心〟を拒んで〝周縁〟へ向かうバンドであることが、〈遠吠えシャッフル〉という3分に満たない曲の中で確認できる。

思えば、スピッツがバンドとしての姿勢に共感したピクシーズは、つつがなく進行していく市民生活の裂け目からあふれる個人の狂いを描いてきた。明るくのんきなコードと律動の中で、「私の心はどこ？〈Where Is My Mind?〉」「なにかがお前に抗う〈Something Against You〉」と叫んだ。彼らはアメリカという国家において、〝周縁〟を覗く存在である。戦前の日本（童謡）と戦後の欧米（ロック）のスタイルに引き裂かれるスピッツは、たしかに「スキゾフレニックな日本の私」だと言えるだろう。しかし、日本という分裂した国の中にもまた、〝中心〟と〝周縁〟との分裂がある。スピッツは、〝日本〟という仮想（仮装？）の共同体との同化を拒絶するのだ。故に彼らの表現には、欧米文化で「仮装」する「～系」の音楽家には望めない、〝非―日本〟性が見出せる。

## スピッツともっとも近いバンド

本章では、ピクシーズからのスピッツへの影響と共通性に多くの言葉を割いてきた。ここでもう一つ、スピッツと近しい、あるいはピクシーズよりも近しいかもしれないバンドについて言及したい。〝周縁〟を捉えようとするときに、その近似性の考察が糸口となりえるからだ。そのバンドの名は、R.E.M.という。

R.E.M.は、1980年にジョージア州アセンズという小さな大学町で結成され、2011年まで活動を続けた4人組バンドだ（1998年から3人組）。1982年にファーストアルバム《Murmur》を出した後、彼らはインディレーベルで長い間活動を続け、80年代後半からメジャーに移籍。簡素なバンドアレンジとぼそぼそ歌うボーカルは実にインディー的だったが、90年代初頭から全米1位のアルバムを立て続けに出し、スターバンドの仲間入りを果たした。

スピッツのメンバーが彼らに言及することは多くはない。ただ、初期のインタビューでは「R.E.M.も売れたから、俺らも売れるかな」と草野がこぼしていたり〈※12〉、1995年の日本武道館公演をメンバー全員で観に行ったりしているから〈※13〉、意識していなかったわけではないだろう。だが、おそらく4人が感じている以上に、R.E.M.とスピッツに

〈※12〉
『スピッツ』ロッキング・オン、1998年、p.26

〈※13〉

「ロック大陸漫遊記」2019年9月15日放送「ブドーカンで観ました！で漫遊記」の草野の発言を参照。

は強い共通性がある。

R.E.M.はパンクロックの影響下ではじまったバンドだが、同時にサイケデリックロックも愛好し、ザ・バーズやラヴといったアルペジオを多用する60年代のバンドと近いサウンドを鳴らしている。突如スターダムに祭り上げられた経歴、パンクとサイケの混淆、アルペジオの多用と簡素なバンドサウンドと、ここまですでに多くの特徴をスピッツと共有している。さらに、R.E.M.はカントリー・ミュージックのスタイルも取り入れており、グレン・キャンベルなどのカントリー歌手の楽曲もカバーしている。スピッツの曲は、唱歌・童謡という、欧米にルーツをもつ「日本の歌」を宿しているが、スピッツにとっての童謡がR.E.M.にとってのカントリーだ。カントリーには「保守的なアメリカ白人の歌」というイメージがつきまとうが、ルーツを辿れば、スコットランド移民の民謡や黒人奴隷の労働歌に行き着く。スピッツが唱歌・童謡という、欧米の影響下で生まれながら日本特有のものと考えられる音楽を下敷きにしているように、R.E.M.も諸外国から持ち込まれたにもかかわらずアメリカ的だとされるカントリーを下敷きにしている。そして、保守的な支持層を持つカントリーから影響を受けながら、〝周縁〟への意識を持ち続けている。

R.E.M.のボーカルのマイケル・スタイプは、2008年に自身が同性愛者であるとカミングアウトした。同性愛者は日本でも強い差別に晒されるが、同性愛否定が宗教と結びつく合衆国では、排除の力は余計に根深いだろう。ゲイでありながら、マッチョなゲイフォビアを育む文化の一部となったカントリーを愛す。こうした激しい矛盾の中を漂うR.E.M.は、〈It's the End of the World as We Know It（And I Feel Fine)〉で世界の終わりを多幸的で勢いのあるポップソングにのせて歌ったり、〈Everybody Hurts〉では3拍子の優美なバラッドの上で「みんな傷ついている」と歌ったりする。〈Fall On Me〉という曲では、「sky」という「上」が意識される単語のところで歌の音程が下がり、「fall」という「下」が意識される単語で音程が上がる。つまり、スピッツ的な、楽曲のテーマと形式との間の分裂が、R.E.M.の曲にも多く見られるということだ。

そして、スピッツがバブル経済の破綻の頃にデビューしたように、R.E.M.はアメリカ経済が落ち込み、ロナルド・レーガン大統領の新自由主義的政策が貧富の格差を広げはじめた時代に世に出てきた。スピッツが〝周縁〟の精神を持ったままブレイクを果たしたように、R.E.M.もスタイルを変えないままアルバムを全世界で1500万枚売り上げた（1992年発売の《Automatic for the People》）。楽曲スタイルに関しても、自国文化との関係の持ち方に関しても、時代の空気の反映度合に関しても、活動スタンスに関しても、両者は似通っているのだ。

第5章で述べたとおり、スピッツは自分が生まれた国家の条件を体現したバンドである。それと同時に、共同体からのはみ出し者、境界線上の〝周縁〟者を自認するバンドでもある。しかし、国家共同体が敗戦などの歴史的事件によって引き裂かれていることも、そこに性的マイノリティや少数民族、あるいはまだ名指されていないアウトサイダーが身を寄せていることも、日本に限られた話ではない。スキゾフレニックは、一国だけの特別な性格ではないのだ。したがって、スピッツの「分裂」には、固有性と同時に普遍性があるといえる。このことは、時間軸上の縦の比較（日本文化の歴史）と、空間上の横の比較（海外の同時代音楽）をクロスさせることで明らかになるのだ。

## 罪深き〝周縁〟者

R.E.M.のマイケル・スタイプは、プロテスタントの戒律が強い国において同性愛者であることの暗闇を、シンプルなポップソングで表現する。同じように、はみ出し者の薄暗さ、〝周縁〟者の罪深さをポップソングの中で表現したスピッツの楽曲が、２０１９年の〈優しいあの子〉である。当曲は、ＮＨＫ朝の連続テレビ小説『なつぞら』のために書き起こされた。朝の連続テレビ小説といえば、老若男女から観られている、日本の「国民的」なドラマシリーズだが、草野マサムネが書いた曲とスピッツの演奏は、平日の朝に公共放送から流れるにふさわしい、耳触りのいい穏やかな情緒を醸している。冒頭で逆再生された鐘の音が響くと、多くのポップソングで共有されるカノン進行〈※14〉がはじまる。ギター、ベース、ドラムすべてがまろやかな音で統一され、激しさや刺々しさのかけらも感じさせ

〈※14〉

17世紀のドイツの作曲家、ヨハン・パッヘルベルが作曲したカノン曲で用いられているコード進行およびその類型。オアシス〈Don't Look Back In Anger〉や大塚愛〈さくらんぼ〉など、多くのポップソングで援用されている。

ない。カントリー調の2ビートが牧歌的な軽快さを演出するが、これは北海道を舞台にした『なつぞら』の空気を意識したものだろう。歌詞に「たどり着いたコタン」というフレーズが出てくるが、コタンとはアイヌ語で「家、集落」を意味する語で、北海道を意識した楽曲であることがわかる。

シンプルなサウンドと定番のコード進行の中で、伸びやかな声がメロディを伝える。スピッツがつくるポップソングの王道とでも呼ぶべき楽曲だが、特徴的なのはそのリズム構造だ。カントリー調の2ビートは次のパートでスネアを打つタイミングが半分になり、減速感が出る。多くのポップソングであれば、サビで2ビートに戻って盛り上がりをつくっていくが、この曲ではサビでスネアが一度消え、ベースが音を伸ばすことで、よりスピードの落ちた感覚が生まれる。テンポは一定なのだが、リズムの取り方によって減速していく感じが表れるのだ。一つひとつのパートが短く切り替わるので、リズムの変化はより際立つ。カノン進行の、頻繁に使われるがゆえに通俗性に陥りかねない祝祭感が、リズムの減速感によって、ささやかで、地に足のついたものとなる。大衆的であることと個人的であることが、コードと律動の組み合わせによって共存している。

このように、〈優しいあの子〉はささやかな歓びと寿(ことほ)ぎを表すような楽曲だが、言葉の上では重たい意味を持っている。それは決してあからさまではなく、聴き流すだけではまったく気付かない。

重い扉を押し開けたら　暗い道が続いてて
めげずに歩いたその先に　知らなかった世界

冒頭のリリックから「重い扉」のあとに「暗い道」が現れ、二重の困難が表現される。しかし、先述したカントリー調の2ビートと、シンコペーション（「と、びらを」「お、しあけ」「み、ーちが」「つ、づーいて、て」と裏拍にアクセントが置かれる）を繰り返す歌のリズムが軽快さを示しているから、重苦しい困難さのフィーリングは隠れている。直後には困難さの「その先」も記されてはいるのだが、「知らなかった世界」という言葉は価値中立的で、希望や絶望の明らかな表出にはなっていない。リズムが半分のテンポに落ち着くと、短調のコード進行に代わり、曲調は悲しみに沈む感じが出てくるが、言葉はむしろ明るさを増す。

氷を散らす風すら　味方にもできるんだなぁ

ベースはグリッサンド（指を弦の上で横移動させて、一音一音を途切れさせることなくうねりをつくる奏法）を繰り返しながら激しく動き、「氷を散らす風」を表しているようにも聴こえる。そして、「味方にもできる」という言葉がマイナスをプラスへと転じることができた歓びの表現となり、沈んだ短調とはかけはなれた表情を見せている。このあと、同じコード進行が繰り返され、ドラムがほとんど消えて穏やかさがあたりを包む。

切り取られることのない　丸い大空の色を
優しいあの子にも教えたい　ルルル…

「丸い」、なおかつ「切り取られた」丸さではないということは、その「丸い」が具体的なフォルムではなく、主観的な印象であることを示している。主観的な印象を「あの子」と共有したいという希望が描かれているわけだが、もっともアクセントが強くキーの高い「(やさ) しー」の響きによって、密やかさが混ざる。無声子音〈※15〉「s」と狭母音〈※16〉「i」の組み合わせである「シ」の発話には息の音が含まれる。シ音を伸ばしつつ口元に人差し指をあてれば、相手に沈黙を要求するジェスチャーとなる。「シー」の音は、秘密や沈黙を表す文化的コードだ。「(やさ) しー」の声は、目立つところに置かれていると同時に、大勢には共有されない密やかさも表現している。そのあとの、言葉なく続く「ルルル」というハミングが、「言葉にできなさ」をさらに印象付けており、密やかさはさらに色濃い。つまり、この曲においては〝大衆性／個人性〟〝軽快さ／重苦しさ〟〝広がり／密

〈※15〉声帯運動を伴わない子音。日本語では、カ行・サ行・タ行・ハ行・パ行。

〈※16〉子音の摩擦音が生じない境界において舌が上あごにもっとも近づいて調音される母音のことをいう。

やかさ〟が両立しており、「分裂のバンド」としてのスピッツが顔を出している。そして、その引き裂かれはコード進行と律動、律動と言葉、メロディと音韻などの複数の要素の組み合わせによって成立しており、この曲独特の情感はソングライティングと演奏が複雑に絡み合うことで初めて出現する。しかし、こうした複雑な構造であるにもかかわらず、聴こえる歌の印象は極めてシンプルだ。実際、一つひとつの要素はシンプルでありながら、要素の関係性においてのみ複雑性を有している。

「優しいあの子」というタイトルになったフレーズは、曲の中で3回登場するが、繰り返されるたびに切実さが強くなる。

寂しい夜温める　古い許しの歌を
優しいあの子にも聴かせたい

日なたでまた会えるなら　丸い大空の色を
優しいあの子にも教えたい

突如現れる「許し」の一語が罪深さを予見させ、「日なたでまた会えるなら」の仮定法が不可能性の表現に聴こえる。「密やかさ」と「不可能」が同時に浮かんでくるからか、「優しいあの子」と呼ばれる誰かは、歌の主体にとって、もう決して会うことはできない、なにかを教えたり伝えたりできない存在であるかのように響く。そこに「許し」を請う「罪深さ」が加わるなら、「あの子」との隔たりは絶対的だ。完全に引きはがされてしまった存在を思いながら、口ずさむ「ルルル」のハミング。〈優しいあの子〉は、ドラマの主題歌にふさわしい曲を差し出すという任務に応えながら、歌が絶望に寄り添うときの姿を、音と言葉によって克明に記していく。ここでスピッツが示しているのは、安易に記号にしてしまえば陳腐になる、抽象的かつ曖昧に描かれがちな罪や絶望を、具体的かつ繊細に響かせる音楽の作用だ。

## ふたたび、日本の〝周縁〟へ

〝日本〟が近代化していく中で、北海道や沖縄は侵略行為によって日本国に統合されることとなった。『日本・現代・美術』で椹木野衣は、アイヌの地名が漢字に統合される過程で変質したことを指摘している〈※17〉。文学人類学者・山口昌男の言葉によれば、山口の出生地である「美幌」という地名は、「びほろ」ではなく、「ぴぽろ」であった。日本語の枠に入れられる中で、それまでの日本語になかった「パ行」が抑圧されたのだ。アイヌは、日本の共同体の中で〝周縁〟として、本人達の意図を一切無視して位置づけられた。その

〈※17〉椹木野衣『日本・現代・美術』新潮社、1998年、p.66〜68

抑圧は、日本近代のシステムが、多くの〝周縁〟者を取り込むことによって生じた矛盾や摩擦を、「美しい日本の私」の統一性に回収するための装置の一形式だった。

「ぱぴぷぺぽ」の半濁音だけでなく、「っ」「ッ」という促音もかつての日本語にはなかった。椹木は「ポップ」という半濁音と促音だけで構成された一言に日本における周縁性を見出すが、「ポップ」のパ行と促音を共有した名が「スピッツ」である。

〈優しいあの子〉においてアイヌの言葉（コタン＝家、集落）が使われたのは先述のとおりだが、草野マサムネは自らの詞のスタイルを定めるにあたって、アイヌの祭りを観に行ったことを『旅の途中』で書いている〈※18〉。ウサギや狼、吹雪や雨などに神性を見出すアイヌのアニミスティックな神（カムイ）のイメージは、たとえば〈青い車〉の「生きるということは　木々も水も火も／同じことだと気付いたよ」や〈渚〉の「水になって　ずっと流れるよ」といった自然事象への視点、あるいは〈鳥になって〉〈猫になりたい〉といった曲名に見られる動物への変化の志向と結びついているかもしれない。しかし、歴史的に〝周縁〟に追いやられた人々から見れば、スピッツの4人も立派な〝中心〟の人間である。そんな彼らが〝周縁〟を居場所にして、安寧することは許されない。〝中心〟でも〝周縁〟でもない「中途半端な」空間を、さまよい続けるしかない。

当然ながら日本は、侵略された歴史も侵略した歴史も有する国家だ。日本の中にも、侵略者と被侵略者がいる。日本に侵略されたアイヌや琉球の人々も、彼らを侵略した日本の

〈※18〉
スピッツ『旅の途中』幻冬舎、2007年、p.120

人々も、一つの国に暮らしている。スピッツは、両方の立場に引き裂かれた音楽を志向する。〝中心〟と〝周縁〟の分裂を生きようとする。その場所には、あらゆる罪や絶望が積み上がるだろう。加害や被害の関係が複雑になり、傷を負った者同士がさらに傷つけ合う。社会的マイノリティが別のマイノリティを迫害する。誰かの罪を糾弾する人間が別の罪を犯す。個人のアイデンティティも複雑さを増すだろう。複層的な関係の中で、あらゆる罪悪は複雑怪奇な姿に変身するだろう。混乱は膨らみ続け、解決策などどこにも見当たらない。

そんな不安定な場所では、誰が「ツミビト」かなどと、言い切ることはできない。にもかかわらず、人は「正しさ」を欲しがって、わかりやすい罪悪を他人に当てはめる。他人を「ツミビト」と名指す行いを「勇気」や「正義」だと自負する。しかし、奇妙に変形する怪物に対してのもっともらしい位置付けと断罪は、とりあえずの安心を手繰り寄せるための「仮装」の役割を果たすだけだ。そこに、人の精神を鼓舞するリアリティはない。

スピッツは、「仮装」をせずに、罪も救いも絶望も希望も安心も不安も愛着も憎悪も脱力も緊張も誇りも恥辱も正義も悪徳も意味も無意味も混ざり合うような、複雑な感情を、複雑な来歴を、複雑な世界を、叶う限り詳細かつ繊細に音楽に込めようとした。ここで私は、彼らの複層する分裂性を彼ら自身の楽曲の曲名を用いて、乱暴に一言で集約したい誘惑に駆られる。つまり、〝日本〟と〝アメリカ〟の分裂、〝中心〟と〝周縁〟の分裂を生きるスピッツの音楽、居場所を持たずに彷徨する彼らの音楽には、生々しい〈りありてぃ〉があるのだと。

そして、〝中心〟と〝周縁〟の分裂は、〝男性〟と〝女性〟といったセクシュアリティの分裂、〝エロス〟と〝ノスタルジア〟が同時に意識されるエロティシズムの分裂、あるいは〝人間〟と〝野生〟を分かつ存在論的な分裂を、同時に想起させる。それは、ごく最近の国家や社会における分裂に収まらない、より根本的な人間の分裂へと私たちを誘う。次章以降は、セクシャリティ、エロス、動物性が幾重にも絡み合う、さらに分裂まみれのスピッツの巣穴へと忍び込んでいく。

# 〈第7章〉性について——〝エロス〟と〝ノスタルジア〟

## 不定形としての〝エロス〟

1994年のインタビューで、草野マサムネは「俺が歌を作る時のテーマって〝セックスと死〟なんだと思うんですよ」と語っている〈※1〉。

上記の言葉は、スピッツに親しんだ聴き手の間であれば、ある程度広く知れ渡っているだろう。「性と死を歌うスピッツ」というのも、一つの紋切り型のイメージとして成立している。紋切り型といっても、それが彼らの表現そのものから乖離しているわけではない。ただ、「スピッツ＝セックスと死」という等式の内実については、もっと検討されるべきだろう。音響作品に肝要なのはいつでも、音から知らされる感触である。セックス、あるいは〝エロス〟の主題についても、それがスピッツの音楽からどのように響くかを確かめなくてはいけない。そして性の主題は、彼らにつきまとう別のイメージ、すなわち「なつかしい」というイメージと、密接に関わっている。

スピッツの音楽はノスタルジックだ。そして、スピッツの音楽はエロティックだ。この二つの断言に、矛盾を覚える人がいるかもしれない。ギリシア神話の中でもっとも若い神の名である「エロス」は、一般的にも若々しさによって支えられる欲望と認知されている

〈※1〉
『スピッツ』ロッキング・オン、1998年、p.89

だろう。一方でギリシャ語の「nostos（帰還）」と「algos（苦痛）」の合成語である「ノスタルジア」は、故郷や過去を懐かしく思うときの苦味であり、若さとは対極の、老いに結びつけて考えられるだろう。しかし、私がスピッツの音楽を聴いていて不意に感じるのは、〝エロス〟と〝ノスタルジア〟は、実際のところ混ざり合って現れるのではないかということだ。

スピッツの表現におけるエロティックさは、息遣いや律動感覚で性行為を想起させるようなR&Bシンガーやファンクバンドの明快なエロスではない。スピッツのエロスは不定形なのだ。

エロスにおける不定形について、音楽とは別の文脈から確認しよう。漫画におけるエロスの表現だ。それも成人漫画における直接的な性描写ではなく、1950年代の手塚治虫の少年向け漫画から感じられるエロスである。夏目房之介は、『手塚治虫はどこにいる』（1992年）で、『鉄腕アトム』におけるエロスをこのように語る。

たとえば、アトムのお腹がパッと開いて、真空管が見える。アトムはロボットだが読者にとっては人間化しており、ずっとそう見えているにもかかわらず、胸が開き真空管が見える。それはとてもあやうい存在感であって、いつもはどんな攻撃にも耐えるのに、胸の開いたところには拳銃の弾ですら致命傷なのである。それは読者にとって何ともいえず切ない気持ちで、いわば生命の震えるような存在の感じをうける。

アトムを描く同じ線が、一方で鋼鉄やビルをも破壊するロボットの硬さを表現し、一方でまるで小動物のようなやわらかなもろさを表現する。

手塚の絵に現れるのは、性の未分化なエロティシズムだ。アトム以外にも、『ジャングル大帝』のレオや、『ロストワールド』の兎人間ミイちゃんなど、人間ではないのに人間的な、境界上の両義的な存在が手塚の漫画には登場する。この境界性、両義性の源泉となっているのは、手塚の描く線だ。彼の線においては具体と抽象が混ざり合っている。硬質な機械を描いていたはずの線が、うねうねした曲線に変わる。まったく不定形というわけではない。あくまで具体的に指し示そうとしながら、それがどこかで別のなにかに変形してしまうのだ。手塚が描いた、象の鼻を描いていたはずの描線が途中から蛇のしっぽのように渦を巻き出したり、象のしっぽが途中ですぼんで魚のシリビレになる化け物の絵は、その実例の一つだ。50年代の手塚は、線を画一的な記号として処理せず、線の一つひとつに変身の可能性を示しながら筆をとった。強いものが弱くなり、弱いものが強くなる。機械や動物が人間になり、人間が機械や動物になる。具体的な存在のあわいに生じる不定形な感触から、手塚のエロティシズムは生まれる。夏目は例として挙げていないが、『リボンの騎士』の男装の騎士サファイアは性別における不定形を表しているだろう〈※2〉。

〈※2〉
第2章でも触れた『コミュニケーション不全症候群』において、中島梓は手塚治虫を「幾度となく両性具有を」描いた「ジェンダー・パニック」の作家として形容している。

夏目は50年代の手塚の絵における不定形とエロティシズムのつながりを示しているが、その中でもやはり、おなかの真空管の見えたアトムの姿こそがとりわけエロティックに感じる（というか、象と蛇と魚が混ざった化け物にはエロスを感じない）。それは、アトムの姿が生と死の境界を溶け込ませているからだ。生きているように描かれるアトムが、腹を開いて、まるで殺されたように寝ている。生きているとも死んでいるとも定められない未決定性。それこそが、エロティシズムの源泉ではないか。不定形は、生と死を混ぜ合わせることで、はじめてエロスへと通じていく。

「その右の
ボルトを左へ
365度まわすべし
そのあと首を
ひっこぬき」
手塚治虫『鉄腕アトム 2』（朝日ソノラマ）

手塚治虫とエロスの関係について、思い出すことがある。私が小学生の頃、ファミコンのアクションゲームとして当時人気だった『ロックマン』のマンガ版が、「コミックボンボン」という児童向け漫画雑誌で連載されていた。そこで描かれるロックマンが妙に生々しく、エロティックな疼きを覚えたことを記憶している。とくに、ピンチに陥って命の危険に晒されるロックマンには性的ななにかを感じた。ゲームの「ロックマン」には性的な要素は皆無だったから、とても奇妙なことに思えた。後から考えてみれば、ロックマンはアトムと同じ少年型のロボットで、

しかも手塚治虫に近い丸みを帯びた線で描かれていた。調べると作者の池原しげとは、『鉄腕アトム』に憧れて、70年代に手塚治虫のアシスタントをしていた人物だった〈※3〉。

## 音の中のエロティシズム

いうまでもなく、漫画におけるエロスの表現と音楽におけるエロスの表現は異なる。しかしながら、手塚治虫の漫画から導き出される「生と死のまざった不定形」という表現は、音楽におけるエロスとも共有される。

シューゲイザーの、残響を多く含んだサウンドは、ギターやボーカルの輪郭を曖昧にする。音と音が混じり合い、それぞれの音の形がぼやける。とくに、マイ・ブラッディ・ヴァレンタインの《Loveless》（1991年）は、輪郭の曖昧さを突き詰めた作品だ。ギターがあらゆるエフェクト処理によって、揺らぎ、ゆがみ、ぼやける。それは眠りの中をひたすら漂うような聴取体験であり、まるで自分が死んでいるかのような感覚に陥る。しかし、ギターや声が溶け合う中で、ハウスやヒップホップからの影響を感じるドラムループの太い音は、脈打つ躍動感を訴える。生と死の感触が同時発生する、「生と死のまざった不定形としてのエロス」が、マイ・ブラッディ・ヴァレンタインのセカンドアルバムにおいて通奏している。

〈※3〉
株式会社手塚プロダクション、虫ん坊「関係者インタビュー 私と手塚治虫 池原 しげと編 第1回『鉄腕アトム』にあこがれて、手塚治虫を目指した少年」、https://tezukaosamu.net/jp/mushi/entry/25167.html（2021年10月5日参照）

スピッツにも、シューゲイザー的なエロスが含まれる。〈野生のチューリップ〉や〈月に帰る〉のような楽曲は、不定形な音によってエロティックな情緒を宿しているだろう。しかし、シューゲイザー的な輪郭の曖昧さだけが、エロスの源流ではない。スピッツの楽曲は、シューゲイザーと名指される諸バンドよりもボーカルを強調している。草野マサムネの声域は、男性にしては高く、女性にしては低い。声変わり前の、性別の判別しない子どもの声域のようだ。同時に、大人の声特有のかすれも生きている。男女の未決定、〃子ども／大人〃の未決定が草野の声の特徴となっており、そこに不定形のエロスが宿るのだ。唱歌・童謡的なメロディをスピッツが奏でるのも、不定形の声と相性がいいからだろう。子どものころを想起させる〃ノスタルジア〃がここで現れる。スピッツは、サウンドと声の掛け合わせによって、〃エロス〃と〃ノスタルジア〃を同時に出現させる。

〃エロス〃と〃ノスタルジア〃の混交は、スピッツにとって固有のシグネチャーとなった。《スピッツ》から《惑星のかけら》までのスピッツのアルバムはセルフプロデュースだ。クレジットにはロードアンドスカイ社長、高橋信彦の名もプロデューサーとして記されているが、高橋はあくまでマネージメントとして関わっており、サウンドプロデュースはメンバー4人で決めている。《Crispy!》以降、ほとんどの音源は笹路正則、棚谷祐一、石田正吉、亀田誠治といったプロデューサーが関わっており、音色も作品ごとに異なる。しかし、それらのサウンドは、《惑星のかけら》までで提示した音を元に、それを広げたヴァリエーションとして聴こえる。もちろん、エンジニアやマスタリングも音に関わるから、初期においてもすべてを自らで定めたわけではない。それでも、楽曲と音の結びつきにおいて、彼らのやりたい音楽ははっきりしていた。「スピッツは《惑星のかけら》まででやりたいことを一度やりきっている」と草野が語るとおり、スピッツの表現世界の核となっているのは初期の作品群といえる〈※4〉。

## 〈ナイフ〉の音景

初期のスピッツの中でも、彼らの核が濃密に抽出されている曲が〈ナイフ〉である。当曲は92年のミニアルバム《オーロラになれなかった人のために》に収録されている。《名前をつけてやる》収録のシングル曲〈魔女旅に出る〉のオーケストラアレンジを担当した長谷川智樹が、共同プロデューサーとしてクレジットに名を連ねている作品だ。〈魔女旅に出る〉のアレンジが気に入ったスピッツは、長谷川によるオーケストレーションやホーンアレンジに草野の楽曲を合わせるレコーディングを試みた。できたのが《オーロラになれなかった人のために》で、〈涙〉は草野のボーカルと弦楽四重奏だけで構成されていて、バンドの音は一切入っておらず、〈田舎の生活〉にもドラムが入っていない。ほかの曲で

〈※4〉
スピッツ『旅の途中』幻冬舎、2007年、p.120

も目立っているのはホーン隊とオーケストラで、バンドとしてスピッツの魅力を語るときには無視して構わない作品に思える。にもかかわらず、この5曲入りのミニアルバムに収録された、スピッツのオリジナルナンバーで最長の再生時間を誇る1曲は絶対に無視できない。初期のスピッツが目指した、エロティックなサウンドの極点が〈ナイフ〉に刻まれているからだ。

主に弦楽オーケストレーションがフィーチャーされた当曲において、ギター、ベース、ドラムの演奏時間は少ない。しかし、その役割は重要だ。冒頭から聴いていこう。ゆったりしたテンポの中、ギターが8分音符でアルペジオを弾き続け、ベースはルート音を伸ばしつつ、音の途切れ目では16分でフレーズを加える。そこに輪郭のないシンセサイザー、流麗なハープ、徐々に音量を上げるオーケストラが重なっている。この曲の冒頭で広がるのは、大きな川のような、たおやかな気配だ。

ボーカルが入ると、ほぼすべての音が一度去り、シンセサイザーの音だけが残る。しかしながら、このシンセ音はメロディ感やアタックがほとんどなく、かすかにコードらしい響きが聴きとれる程度。蝉時雨にフィルターをかけたかのような、実に曖昧な音となっている。そして、霧のように輪郭の不確かなこの音が、淡く儚い感覚をより透徹させるための鍵となる。

シューゲイザーのサウンドは、ギターだけによるものではない。中～高音域でメロディを奏でる楽器すべての音響の組み合わせが、その音の特徴を形づくっている。マイ・ブラッディ・ヴァレンタインの《Loveless》では、ギターをサンプラーに一度取り込み、保存された音をキーボードから出力することで、ギターともシンセともつかない、浮遊する響きを楽曲に加えている。ギターがシンセに近づき、シンセがギターに近づく。複数の楽器が溶け合う音響状態が、シューゲイザー的なサウンドをつくるのに必須になってくる。〈ナイフ〉の霧のように曖昧な音が、どのようにつくられているかは定かではない。《Loveless》のように試行錯誤してつくったのかもしれないし、シンセサイザーのプリセットにたまたま入っていた音をそのまま使っているのかもしれない。いずれにせよ、〈ナイフ〉を包む淡い〝ノスタルジア〟を生み出しているのはこの音だ。

**歓喜と恐怖**

揺らめきの中で、草野マサムネは朴訥(ぼくとつ)に歌い出す。その発声は子どものように実直だが、同時にすこし擦れている。

君は小さくて　悲しいほど無防備で
無知でのんきで　優しいけど嘘つきで

もうすぐだね　3月の君のバースデイには
ハンティングナイフのごついやつをあげる　待ってて

「君」を次々と形容していく言葉には、執着を読みとれる。「無知でのんき」かのように歌う素朴な声から、強烈な混沌が漏れ出すかのようだ。しかし、その狂気じみた混沌は予感のまま温存される。「ごついハンティングナイフ」という誕生日のプレゼントの選択も不気味な印象を与える。だが、その選択がなにを意味し、どこに決着するかは明確に示されない。

草野の声はわかりやすい感情を演じない。生命感の薄い、今にも消え入りそうな弱々しさと虚しさが感じられる。「悲しいほど無防備」なのは「君」ではなくて、その声の方ではないか。そう言いたくもなる。子どもの純粋さと死の気配を併せ持つ歌声が、執着と狂気の言葉を歌っているからこそ、この曲は魅力的で、怖いのだ。

君がこのナイフを握りしめるイメージを
毎日毎日浮かべながらすごしてるよ
目を閉じて不完全な部屋に帰るよ
いつになっても　晴れそうにない霧の中で

妄想する自身の様子を「君」に伝えている構図がいささかストーカーめいているが、声は弱々しい朴訥さを保ったままだ。その対比がより不気味さを蓄積していく。ここでドラムとベースが入ってくるが、1拍の裏から4回ニュアンスをつけて連打されるスネアと、直後にくるキック1発と単音のベースのみ。ビート感のない実にささやかな演奏が、しばらく繰り返されていく。

〈ナイフ〉は6分56秒ある曲だが、イントロ、Aメロ、Bメロの3つのパートだけで成り立っており、比較的単純な構造だ。その単調さこそが、曖昧で倦怠的な浮遊感によく合っている。Aメロが2周し、Bメロがくるともう一度Aメロにもどる。コードは変わるが、リズムはひたすら一定だから変化は弱い。

しかし、Aメロに戻ってきて、「いつになっても　晴れそうにない霧の中で」というフレーズが反復した後で、楽曲は大きな変容を迎える。空気をひたすら包んでいた曖昧なシンセ音が消えるのだ。同時に、ストリングスが強くはっきりとメロディを畳みかけ、ドラムは明確にハイハットを16分で（裏拍を強調したジャズのフィーリングを加えながら）刻み、キックとスネアも明確に鳴り出す。「晴れそうにない霧の中」にいたはずが突然晴れあがり、景色が一気にクリアになる。ただし、その晴れやかさは隠されていた闇を露わにする。ここでのコード進行はベース音が4度↓3度↓2度と下降進行の〝反復〟になっており、最後のコードは順当にいけば1度のメジャーコードだ。しかし、この曲では最後に6度のマイナーに〝変化〟する。メジャーを予想されるタイミングでマイナーがくることで、悲壮さが強調されている。さらに、5度カーネルのラの音にアクセントを置いたストリングスの力強いメロディが、最後のコードでは6度カーネルの低いシの音に下がることで、悲壮感がより増幅する〈※5〉。

このパートはBメロと同じコード進行だが、楽器編成とリズムが変わっているため、雰囲気がまったく違う。なにより、ボーカルがない。代わりに、抑えていた力を解放したストリングスが、悲壮なメロディをエモーショナルに歌う。蓄積されてきた不気味さと混沌が、言葉を伴わずに、倍音の豊かな響きに乗って溢れ出す。「君」への感情は膨らんでいるが、深い痛みに終わりはない。楽曲構造の変化によって、美しさと恐怖、歓喜と絶望が一体となる。

ストリングスが止むと、曲はイントロにもどり、霧のようなシンセ音が再度訪れ、Aメロと最初の歌詞を繰り返して終わりを迎える。〈ナイフ〉において、ギターはイントロと最初のBメロでしか弾かれておらず、しかも単純なアルペジオの繰り返しだ。しかし、残響の深いその音は、淡いシンセ音と混じりあい、シューゲイザー的な音景をつくり上げている。ベースとドラムも音量を抑えた最低限のプレイにとどまるが、ささいな変化がシンセとストリングスの変化と相乗し、エロティックな効果を生んでいる。

〈※5〉
ここでの、5度カーネルを伸ばして間に7度と1度を挟むストリングスのメロディに似たフレーズは、L'arc~en~ciel〈Driver's High〉やＬＵＮＡ ＳＥＡ〈ROSIER〉のギターソロなど、ヴィジュアル系バンドの楽曲でよく使われている。第6章で少し言及したスピッツとヴィジュアル系バンドの音楽との近似性を、私はこうしたところに感じている。

〈ナイフ〉の歌詞は断片的で隙間が広い。草野の歌い方も抑揚を欠いている。代わりに、音の組み合わせが言葉にならない感情や物語を満たしていく。〈ナイフ〉という楽曲は、楽器演奏と音響操作が歌の役割を多く引き受ける中で、スピッツ史上でも無類の美しさと恐怖を喚起させるものとなった。この曲から滲むエロスは、《Loveless》以上に強烈だ。スピッツはマイ・ブラッディ・ヴァレンタインのように、ノイジーなギターサウンドの中にボーカルを埋もれさせるスタイルではないし、耽美的な形式に傾いてもいない。日常に潜む妄想や、虚無の情けなさが美しく優しい夢幻の世界と地続きであることを、歌と楽器のコンビネーションで証し立てるのがスピッツのスタイルだ。なんの変哲もない生活の中で、突如現れる世界の最果ての感覚を描いたのが、この〈ナイフ〉である。

当曲が喚起する歓びと恐怖は、子どもが自らの性的な感覚に出会ったときの驚きと不安を思い起こさせる。自分の身体が、別のなにかに変わっていく。今まで知らなかった欲望が膨れ上がる。そのことの恐怖心に、〈ナイフ〉という曲は繋がっている。

そして、〈ナイフ〉における性的な恐ろしさは、〃ノスタルジア〃にも結びついている。音が曖昧に混じり合いながら、日常から覗いた彼岸の感覚を伝える楽曲の中には、懐かしさも性的な疼きも、同時に響いている。

実際のところ〝ノスタルジア〟は、遠い過去に対してのみ発する感情ではない。昨日のことにも、あるいは妄想に対しても、それは発動する。重要なのは均等に進む時間の流れではなく、現在の私がそこから絶対的に切り離されているという実感である。不確かで不可能なものへ焦がれる感情、それがすなわち〝ノスタルジア〟だ。そして〝エロス〟も、自らを不定形の中へ沈めようとする欲望である。〝エロス〟と〝ノスタルジア〟が同じものであることを、〈ナイフ〉は証明している。

思春期に私がスピッツの音楽に強く惹かれたのは、10代の人間が持て余す〝エロス＝ノスタルジア〟の不定形を、音という形のない現象で表現していたことが一因だと思う。加えて、当時の私の日常に鋭く刺さっていた「コミュニケーション不全」の感触も、彼らは描き出していた。「音楽に救われた」という言い方はよくある常套句だし、過度にドラマティックな言葉であることも承知している。作家とファンの不健康な共依存関係を象徴する言葉だと言われても、頷くしかない。けれども、10代の私はスピッツの音楽によって、間違いなく救われていた。スピッツを聴くことで、自分という生き物を理解する足がかりが掴めた。〈ナイフ〉や〈タンポポ〉を聴いて、「今日も生き延びよう」と思えたときほど、音楽の恵みを感じたことはない。本書の目的は、その恵みの感覚について、改めて考えることでもある。

スピッツにとって、性は不確かで不定形なものだ。だから、〝男性／女性〟という固定した性別の規則も、曖昧なものとなる。

スピッツと同世代で、同時期に活躍した米英のバンドには、80年代の地下音楽の影響が聴きとれた。ニルヴァーナの背景にハードコア・パンクやアウトサイダー・ミュージックがあったように、レディオヘッドの背景にはマッシヴ・アタックやオウテカのような先鋭的なヒップホップサウンドがあった。そしてスピッツの背景にも、アンダーグラウンドな音楽が垣間見える。

草野マサムネはフェイバリット・アルバムに、しばしばゼルダの《カルナヴァル》を挙げている。ゼルダは女性だけの4人組として80年代初頭から活躍したロックバンドだ。80年代にはほかにも戸川純やPhewのようなボーカリスト、ナーヴ・カッツエやゲー・シュミットといった女性を中心としたバンドが、パンク／ニューウェーブのシーンから登場した。その多様な表現を簡単にひとまとめにはできないが、俗世界に対する違和感や共同体からの抑圧状態を描いていた点、性や死の不確かさを歌に写した点では共通している。男性でも、80年代前半には原マスミ、後半には浅井直樹やたまが、俗界に背を向けた自閉や夢想を、日常と地続きの死の匂いを、それぞれニューウェーブ、ギターポップ、サイケフォークのスタイルの中で音に変えていた。戸川純がカルトスター的な扱いでテレビに出演したり、たまが「イカ天」ブームの中で一時的に世間を騒がせたことはあったが、彼らは商業音楽の中心地からほとんど外れた場所で活動していたし、特定のコミュニティやサークルに身を置くこともなかった。スピッツの音楽には、今名前を挙げた、アンダーグラウンドで根無し草のまま活動した作家達との連続性がある。性や死の曖昧さへの接近や、俗社会からの乖離感を、スキャンダラスにではない形でポップ・ミュージックに忍び込ませる。それこそが、スピッツにとっての「オルタナティブ」な表現だった。

スピッツのメンバー4人の性別は男性であり、歌の一人称も「僕」か「俺」で統一されているから、基本的には男性視点の歌として捉えられる。女性視点の曲はない（少なくとも、明確なものはない）。ただし、スピッツの歌は、ポップソングにおける「男性」の規範的なイメージを揺らしている。つまり、肉体的な強靭さや庇護者の立場を示すことがなく、むしろその逆、弱々しさや守られる立場を歌にしている。〈楓〉の「風が吹いて飛ばされそうな軽いタマシイ」は、楽曲全体のメランコリックさとも相まって精神的な脆弱さを表しているし、〈死にもの狂いのカゲロウを見ていた〉では、「ひとりじゃ生きてけない」という言葉が、寿命の短い生物の儚さと重ねられている。〈Na・de・Na・de ボーイ〉は「彼女は野生の手で／僕をなでてくれたんで」というフレーズからはじまるが、楽曲のパワーポップ的な快活さが、受け身の立場をより強調している。

「守りたい」という庇護を表すフレーズも時々現れるが、それは「君」を守るという形では描かれない。〈スカーレット〉において、「守り続ける」のは「ひとつだけ／小さな赤い灯」であり、ミドルテンポの穏やかな曲調には、強さによる守護よりも、蝋燭の火を消さないように努めるときの繊細さが重なっている。

弱々しさや情けなさが強調されるときにおいてこそ、「俺」という一人称が顔を出す。たとえば〈鈴虫を飼う〉。孤独な夢想を、鈴虫の声にも似たマンドリンの震音でもの悲しく包んだ当曲の、その3周目のBメロで草野マサムネはこう歌う。

油で黒ずんだ　鋪道に　へばりついたガムのように
慣らされていく日々にだらしなく笑う俺もいて

三輪テツヤのレスポールが厚ぼったい音の壁を左右に築く中で、頼りない声が自らのだらしなさを外から眺めている。その弱々しい姿を描写するときの人称が「俺」であることで、高圧的なイメージと儚さのイメージが錯綜する。〈俺のすべて〉と題された曲では、エモーショナルなメロディと力強いリズムによって、「俺」の恥ずかしさを高らかに響かせる。「消えかけたキズ　かきむしる」愚かさや、「歩き疲れて　へたり込んだら崖っぷち」

の情けなさ、あるいは「前世はサギ師かまじない師」のうさんくささを、草野マサムネは堂々と歌う。男性でありながら「男性的」ではないというズレの自覚を持った人間の状態を、スピッツはしばしば描いている。その音楽は、性役割の規範に対しても〃周縁〃的なのだ。

スピッツは、性を生殖による再生産の制度へと安定させない。その安定を揺るがせるための契機として、〃エロス＝ノスタルジア〃を描き出す。

生き残れ　見知らぬ街で　ふくらむ気持ち　丸々たくして
紙ヒコーキ　恋する季節　百億世代　続いた糸を切る

――〈青春生き残りゲーム〉

重たいギターリフと草野の柔らかい声の対比が情けなさと笑いを誘う、1999年のこのハードロックナンバーでは、明朗なサビに入ると、歌が希望を込めたメッセージのように響く。希望の響きの中で、「ふくらむ気持ち」「恋する季節」のエロスは、「百億世代続いた糸を切る」と、人類血族の再生産の連鎖から逃走する。その逃走の身振りが、「紙ヒコーキ」の弱々しさを伴うことをスピッツは忘れない。弱々しいままに、再生産の強い引力を拒む。スピッツのエロスは、生産を度外視しており、むしろそれは、「喪失」とつながった体験である。スピッツの音楽が同性愛者に根強い人気があるという話を聞いたことがあるが、それはエロティシズムを生産概念から断ち切る態度、〝周縁〟者としての自覚が、楽曲からにじみ出るからだろう。

## ぼやけたインディゴブルーの果て

　不定形で不確かなものを求める衝動を表すために、草野マサムネはよく「幻」という言葉を用いる。ギターのアルペジオの重なりと、少しざらついた草野の声が淡く悲壮な情感を誘う〈ホタル〉においては、「正しい物はこれじゃなくても／忘れたくない／鮮やかで短い幻」と歌われ、〈タンポポ〉にも似た気怠い虚無感が漂う〈コスモス〉では、「幻にも会えず／それでも探していた今日までの砂漠」という強い徒労感の表現が、夢幻的な音景の奥から姿を見せる。

　また、〈夏の魔物〉〈アパート〉〈冷たい頬〉〈チェリー〉〈仲良し〉〈若葉〉といった曲は、幸福な状況を過去形で歌うことで、現在との距離を意識させる。これらの曲で、三輪テツヤのギターには淡いリヴァーブがかけられており、彼が弾くアルペジオには透き通った喪失感が宿る。草野マサムネの声は高く柔らかく広がり、性別と年齢の未決定な透明さをもたらす。形のない「幻」が、形の失われた「過去」が、不定形なギターと、そして未分化なボーカルと一体になる。

不定形の「幻」という観点から、改めて聴き直したいのが《インディゴ地平線》というアルバムだ。第3章で記したとおり、スピッツのメンバーは《インディゴ地平線》の音に不満を抱いていたことを、『旅の途中』で語っている。彼らが鋭く力強い音が出せずに悩んでいたエピソードを知ると、本作におけるエッジの立たないぼんやりしたサウンドは、スピッツの苦難を反映しているのではないかと感じてしまう。売れたことでプライバシーは侵され、日々は多忙を極め、求めていなかったポップスターの役割を引き受けなくてはいけない。彼ら4人、とくに草野の受けていた抑圧が、楽曲とサウンドに表れていると考えるのは無理もない。部分的に知りえた作家の私的な体験と、音楽表現の様相とを安易に繋げるのは避けねばならない。しかしながら、歌詞やコードといった、意識的な操作が比較的可能な音楽の記号的側面に比べて、音像から漏れでる気配をコントロールすることには困難が伴う。《ハチミツ》と《インディゴ地平線》の間でレコーディング環境が大きく異なっていない以上、その差異に彼らの心理や生理の無意識的な反映を見るのは、あながち見当違いでもない。

しかしながら、皮肉にもとでも言うべきか、スピッツ4人の不満とは裏腹に《インディゴ地平線》は、聴く者を強く惹きつける作品だ。4人が問題だと感じていた音のくすんだ印象、あいまいな音像は、ロック的な高揚感とは異なる、不定形の「幻」を表現するのに適したものになっている。デビュー当時のスピッツは、絶望に浸る退廃感や、甘美さと背中合わせの喪失感や、世界の醜悪さに背を向ける厭世観の表現者だった。《Crispy!》から《ハチミツ》までのスピッツは、明るいイメージをつくり出しつつ、元来のダウナーな感覚を明るさの裏に忍ばせる音楽を生んでいた。《インディゴ地平線》では、陽性のフィーリングを保とうとしながら、ひた隠しにしてきた退廃感が膨れ上がってくる。売れたことによる混乱が厭世観の再燃につながり、Jポップにはそぐわない退廃の匂いがせり出したのだろうか。明るさと暗さの争いが起きている。その争いの緊張感が《インディゴ地平線》の音景を形成したのかもしれない。

実際、《インディゴ地平線》には明るい曲もある。冒頭の2曲、三輪テツヤ作曲の短いパンクナンバー〈花泥棒〉とピアノの前奏が印象的な〈初恋クレイジー〉は、情けなくもかわいいスピッツの魅力を存分に表しているし、〈ナナへの気持ち〉のミドルテンポの8ビートも、〈夕陽が笑う、君が笑う〉の暖かなメロディも、一聴した限りは退廃や厭世とはほど遠い。しかしながら、アルバム全体から立ちのぼってくるのは、退廃感や厭世観以上に強烈ななにかだ。それを言葉で表現しようとすると、「死」や「彼岸」といった言葉がもっとも適切になるだろう。もともとスピッツに「死」や「彼岸」の匂いはつきまとっていたが、アルバム全体を取り巻く「彼岸」の感覚という点で、《インディゴ地平線》の強烈さは特筆に値する。その感覚を支えているのは、メンバーが不満に感じていた、エッジを欠いたぼやけた音像なのだ。

ぼやけた音像は現実との距離感を意識させ、今この場所から離れて存在しているという乖離の感覚を生じさせる。草野マサムネの声も、遠くから聴こえるように録音されている。遠い音像の中では、「この花を渡せたら／それが人生だ！」と高らかに宣言する〈花泥棒〉の高揚感も、「言葉にできない気持ち／ひたすら伝える力」を言祝ぐ〈初恋クレイジー〉の実直さも、素直には伝わらない。すべてが不確かな「幻」なのではないかという印象が、うっすらと、だが確実に漂っている。そして、《インディゴ地平線》の3曲目の表題曲では、ゆったりと揺れるリズムに迷幻的なギターのアルペジオが絡む中で、「君と地平線まで／遠い記憶の場所へ／溜め息の後の／インディゴ・ブルーの果て」という、現実離れした「幻」の世界への希求が歌われる。「まで」「場所へ」「果て」と繰り返される「e」の音のロングトーンが、彼岸まで届くような「遠さ」を表現している。「凍りつきそうでも／泡にされようとも／君に見せたいのさ／あのブルー」と高い声で歌われるサビのパートは、4曲目〈渚〉の「行きついたその場所が／最期だとしても」と、7曲目〈虹を越えて〉の「何もかも／風に砕けて／色になっていく」と、9曲目〈ほうき星〉の「弾丸／桃缶／みんな抱えて／宙を駆け下りる」とに、それぞれ呼応していく。彼岸へと消失していく感覚が、アルバム全体に糸を張っている。

また、《インディゴ地平線》はスピッツの中でももっとも1960年代後半のサイケデリック・ロックに近づいたアルバムでもある。〈インディゴ地平線〉〈虹を越えて〉〈ほうき星〉〈マフラーマン〉といった曲の、うねるような律動感や長調と短調の境目が曖昧なコード感覚は、ラヴやスピリットといったアメリカのサイケデリック・ロックのバンドに近い。音が中音域に寄っているのも60年代的だ。三輪テツヤは高音と低音を切った、小さい安アンプで鳴らしたかのようなチープなギターサウンドを鳴らしている。それは、録音された音のレンジが今よりも狭かった60年代のロックのギターを想起させる。チープさが、記号的な「死」や「彼岸」ではない、生々しい感触を曲に与えている。ギターのショボい生々しさと、音像全体の現実感を欠いた蒙昧さとの裂け目にこそ、実直な愛と遠い幻の裂け目にこそ、「彼岸」の感覚は生まれる。「死」や「彼岸」を記号に回収せずに表現の中に浮かび上がらせるには、一つの状態に収められない分裂の力が要求される。〈初恋クレイジー〉の歌詞にあるように、《インディゴ地平線》は音と言葉によって「表の意味を超えて」いく。

## 〈渚〉における「幻」

「死」や「彼岸」に誘われていく感覚をもっとも強く描き出したのが、《インディゴ地平線》からのシングル曲となった〈渚〉だろう。

シーケンサーによる反復フレーズと四つ打ちのキックはクラブミュージック的な特徴だ

が、当曲にダンスの感覚は薄い。肉体の躍動感よりもむしろ、淡々とすべてが続くような永続感を聴き手に覚えさせる効果がある。ボーカルのメロディは上昇しては下降する運動を繰り返しながら、サビに向けて少しずつ高まっていく。抑揚の少ないリズムに乗せて旋律が上下に揺らめく様は、潮の満ち引きが展開される渚の風景と一致する。大地と海の境界が揺らぎ続ける、不定形で不確かな場所。不定形の不確かさは、「柔らかい日々が波の音に染まる」というサビの一節と呼応するだろう。「日々」という時間を表す言葉を「柔らかい」という触覚を表す言葉が形容し、「波の音」という聴覚を表す言葉が時間的な「日々」を空間的・視覚的に変容させる（＝染める）。短い一節の中に、時間↔空間の対比と、触覚・聴覚・視覚の比喩が凝縮されている。ベースが高い位置でボーカルメロディにハーモニーをつけることで、歌の濃度は高まる。当曲における「渚」とは、実体のつかめない揺らぎの感覚が強烈な凝縮感を伴って現れる「彼岸」の状態を意味する。そして、「彼岸」に留まることは不可能であることを、歌手は理解している。だからその直後に、「幻よ醒めないで」という言葉が、大きな音程の飛躍を伴って強調されるのだ。

〈渚〉に関しては、MVも「彼岸」の表現の共犯者となる。レンガのブロックが無造作に組み立てられたセットの中で、スピッツの4人、化粧をして背中に羽をつけた道化師、驕奢な白いドレスをまとった女性、松明をジャグリングする手（顔や胴体はフレームの外だ）がかわるがわる映される。道化師や女性の恰好は、サイレント期の映画を想起させるものだ。D.W.グリフィスやチャーリー・チャップリンが監督した黎明期のアメリカ映画、エルンスト・ルビッチやF.W.ムルナウといったドイツ出身の作家の映画などに出てきそうな人物。草野マサムネは時々モノクロで映され、背景にのみ色がついている。全体的に少しぼやけた画質にしろ、淡い色で統一された色彩設定にしろ、漂っているのはノスタルジックな気配だ。楽曲自体の淡い幻想めいた響きと調和している。

スピッツ4人の演奏は一緒には映されず、画面の中心にもほとんど映されない。草野マサムネのアップもやや左にずれているカットが多く、﨑山龍男のドラムは背中から撮られる。このMVの中ではズームイン・ズームアウトが多用されるが、ズームは被写体であるスピッツのメンバーの中心ではなく、少し横の虚空をめがける。真正面から、真ん中に映すことを周到に避けている。

MVのくすんだ色合い、定点のはっきりしないズームイン・ズームアウト、モノクロとカラーの混じり合い、表情の薄いスピッツのメンバー、道化師や踊り子が醸し出す古い映画の雰囲気。すべて、実体のはっきりしない揺らめきを映像に映しており、映像と音響と言語が感覚を共有しながら共存する様が如実に感じとれる。

〈渚〉を聴いてもっとも印象に残るのは、サビの後のアルペジオだ。「渚は二人の夢を混ぜ合わせる／揺れながら輝いて」という歌のあと、「輝いて」がロングトーンの高い声によって繰り返される。その背景では、コードはマイナーに変わり、ギターは開放弦を含めたアルペジオをつらね、淡い音景を深い悲しみの色に染める。淡々と永遠に続いていく、ぼやけた世界。目の前でひたすら揺れ続ける、渚の幻。決して手に入れられないものを求めてしまうことの悲壮が、そこにふっと挟み込まれる。その悲しみすらが、淡々とタムとキックを打ちならすドラムと共にフェイドアウトしていき、永遠の中に消えていく様までを、〈渚〉という曲は表現している。

スピッツの曲は自らの性別が男性であることや自分たちの社会的立場を無視しないが、「生と死が混ざり合う不定形」の世界においては、性の区別も社会的立場も幻のごとく消えさる。男女の差異も、年齢の差異も無化する地点の〝エロス＝ノスタルジア〟を、彼らの音楽は描いている。〈ナイフ〉や〈渚〉が密かに露わにするのは、私たちの生と性を規定している、普遍的な歓喜と恐怖、夢と悲しみ、希求と諦念だ。不定形の幻から目を離せないまま、私たちの日々は続いていく。

そのようなスピッツの「不定形の幻」は、草野マサムネが歌う別の主題と繋がっている。人間以外の動物や、虫や草花の世界、いうなれば〝野生〟の主題だ。スピッツの音楽は、〝野生〟に憧れる〝人間〟の姿を表現する。次章では、〝人間〟と〝野生〟の分裂から、彼らの表現の中に渦巻く力を、掴み取りたいと思う。

# 〈第8章〉憧れについて——〝人間〟と〝野生〟

第7章では、スピッツにおける〝エロス〟と〝ノスタルジア〟の重なりを描いてきた。そして、〝エロス＝ノスタルジア〟は、草野マサムネの曲に頻出する別の主題、すなわち〝野生〟の世界に結びつく。

スピッツの曲には、動物や虫の名が多く登場する。インディーズ時代のレパートリーである〈ヒバリのこころ〉〈鳥になって〉〈死にもの狂いのカゲロウを見ていた〉から、最近の曲である〈猫ちぐら〉〈はぐれ狼〉〈花と虫〉に至るまで、曲名をいくつか並べるだけで、人間以外の動物の名に出会ってしまう。

また、「野生」や「獣」といった言葉もよく聞こえてくる。動物や虫には第5章で挙げた野口雨情の童謡との繋がりもあるが、それ以上に強く感じられるのは、〝エロス＝ノスタルジア〟との関係だ。

君に会えた　夏蜘蛛になった
ねっころがって　くるくるにからまって　ふざけた

風のように　少しだけ揺れながら
街の隅のドブ川にあった
壊れそうな笹舟に乗って流れた
霧のように　かすかに消えながら

これは、《名前をつけてやる》に収録された〈プール〉冒頭の一節だ。トレモロとリヴァーブのエフェクターを使ったギターは「少しだけ揺れながら」続いていき、タメのこもったリズムの継続とともに、蜃気楼のごときぼやけた気配をもたらす。その上で、感情のこもらない澄んだ声で草野が歌い出す。「夏蜘蛛」という言葉は、４本の手足をもつ人間が２人重なったときの手足の数を暗示しているのだろうか。Ｃメジャーではドの音、Ｆメジャーではファの音と、１度シェルを強調する明朗なメロディ。「会えた」「なった」「ふざけた」「あった」「流れた」「消えながら」という「a」音アクセントの連続。ストレートで明るい空気の中、密かな性愛の時間が静かに流れる。

歌の語り手が「君」といるのは「街の隅のドブ川」にある「壊れそうな笹舟」の上だ。彼らは頼りない乗り物に乗って「ドブ川」にいる。それは美しさをまったく感じない水地の景色だが、８分で繰り返されるタンバリンの残響は、味気ない風景描写とは裏腹な夢幻の気配を醸し出す。そして、コードは６度のAm7に変わる。

孤りを忘れた世界に 水しぶきはね上げて
バタ足　大きな姿が泳ぎ出す

鮮やかに煌めくギターストロークが鳴り響き、音響空間の色が変わる。「世界に」の「せー」で最高音のラを示す草野の声は、遠くへ突き抜けるような解放感を表す。と同時に、ラの音における6度カーネルと（Fadd9の）3度シェルの作用が激しい情感を生む。「ドブ川」という汚れた片隅で「孤りを忘れる」ことの感触が、強烈なエモーションとなって鳴り響く。

2番のサビでは歌詞が変わる。

孤りを忘れた世界に　白い花　降りやまず
でこぼこ野原を　静かに日は照らす

白い花の降りやまない鮮やかすぎる光景が展開されるにもかかわらず、「野原を」の「のー」の最高音に解放感は薄い。「o」の母音はさみしげに響き、「でこぼこ」な欲望を無化するように、日を照らす時間の静けさがより痛切に浮かび上がる。この2行の短い歌の中で、性愛の歓びと喪失の痛みの対照性が強く浮かび上がる。そして、その後の間奏。ドラムとベースが消え去り、輪郭の消失したギターと「あぁーあぁあぁ」と無感情なコーラスだけが残る。感情の宙ぶらりんな3度のコードがのった、アクセントなき残響の中では歓びも痛みも混ざり合い、「孤りを忘れた」と「孤り」が区別できない。この曲では、永遠に続くようなゆらめきの中で、エロスの歓びが描かれる。そして、「君に会えた」からの過去形の繰り返しが、喪失感とノスタルジアを演出する。ここでもエロスとノスタルジアが同居しているのだが、「夏蜘蛛になった」という言葉が性的メタファーとして用いられることに注意したい。動物や昆虫になることは、草野の詞にとっては性の欲動と結びついているのだ。

こんな僕にだって　僕にだって　誇れるものがある
モグラになって　モグラになって
僕にしのびこんで　ここにしのびこんで
――〈鳥になって〉

夢じゃない　孤りじゃない　君がそばにいる限り
汚れない獣には　戻れない世界でも――
〈夢じゃない〉

愛されることを知らない
まっすぐな犬になりたい ――――――〈甘い手〉

もっと自由になって蛾になってオケラになって
君が出そうなカード　めくり続けてる ――――――〈オケラ〉

上記4曲は音源の発表年が順に1991年、1993年、2000年、2009年とバラバラながら、「～～になる」「～～にもどる」という変化の言葉でつながっている。しかし、「汚れない獣には戻れない世界」という認識が、淡くもの悲しいサウンドとメロディで歌われるように、そこには「獣にはなれない」「野生には帰れない」という諦念が貼りついている。〝エロス＝ノスタルジア〟の領域では、動物と人間の間に隔絶がない。虫にも犬にもなる。手塚治虫の人間と非人間の境界性とも振動するような、動植物への変化の欲望と諦念は、〝エロス＝ノスタルジア〟に重なる。

〝エロス＝ノスタルジア〟はスピッツの表現において、ともに喪う体験だ。「孤りを忘れる」ということは、個人としての自我の輪郭を失うことと同義であり、「夏蜘蛛になった」の過去形は、「きみ」という自らの一部を失うことと同義である。2人で一つになる「夏蜘蛛」的な歓びは、常に過去形に汚される、不確かな「幻」でしかない。同時に、不確かな不定形だからこそ、溶け合う歓びは生まれる。性愛と孤立が、確かさと幻想が、現在と過去が、溶け合う状態にあること。分裂しているものが一つになること。「野生」の主題は、分裂の溶解状態を表すために求められる。

スピッツの歌の中で、動物は人間より劣ったものとして描かれない。〝野生〟は、〝人間〟の社会から、ただ切り離されているのだ。〈ナイフ〉の歌詞に「猿から人へ枝分かれして／ここにいる僕らは」という一節が登場するが、ダーウィンの進化論に基づいた記述にもかかわらず、「進化」の一語は周到に回避されている。人と猿は、「枝分かれ」したものに過ぎない。その枝分かれを再び一つに繋げようとする欲望が、スピッツの音楽から響いている。

## 〝野生〟への憧れ

そんな〝野生〟への憧れを描いた曲として、〈猫になりたい〉がある。1994年のシングル〈青い車〉のカップリングであり、後に《花鳥風月》にも収録された当曲は、穏やかな楽調と落ち着いたミドルテンポの8ビートによる穏やかな気配を醸している。非常に単調にも思える律動の中で、アクセントとなるのは草野のボーカルだ。彼の歌は、リズムの裏拍を強調している。まず、言葉の意味を無視して、音の位置だけに注意して歌を聴いてみる。

　冒頭のフレーズでは、「灯りを／消したまま」の「け」が8分音符の裏拍にきて、シンコペーションの役割を果たしている。Bメロの「広すぎる霊園のそばの」の「れ」も、2番の「砂ぼこりにまみれて歩く」の「に」も、裏拍のアクセントとなる。「このアパートは薄曇り」の「ぐーもーりー」も裏拍で伸びており、これはサビの「寂しい夜が終わるまで」における「おーわーるーまーでー」の裏拍の伸ばしが5拍続く箇所と対応している。淡々と表の8ビートを刻む他の楽器に対して、ボーカルだけがシンコペーションとなり、その限定性がボーカルの強調となる。

　サビにおいて、言葉の発話の長さは少しずつ伸長していく。「猫になりたい／君の腕の中」というフレーズ。「ねこにな」が半拍、「りーたー」が1拍、「いー」と「きー」が2拍と、徐々に一音の持続が長くなる。フレーズ後半も同様で、「みのうで」が半拍、「のーなー」が1拍、最後の「かー」の音が2・5拍分伸びていく。しかも、息継ぎと意味の切れ目、「猫になりたい」の「い」と「君の腕の中」の「き」の切れ目は小節の頭ではなく、二小節の中間部で訪れる。息継ぎのタイミングにおいても、律動のズラし、シンコペーションが発見される〈※1〉。

　では、シンコペーションのずれ、発語が少しずつ伸びていく感覚は、言葉が物語る世界と、どのような関係を持つだろう。

〈※1〉
この記述に関しては、imdkm「スピッツ『花鳥風月＋』、アルバムチャートで好調　身体性豊かなボーカルが体現する"ロックのダイナミズム"とは」(Realsound)から示唆を受けた。
https://realsound.jp/2021/09/post-866639.html
(2021年11月14日参照)

灯りを消したまま話を続けたら
ガラスの向こう側で星がひとつ消えた

この歌は、距離の感覚に覆われている。冒頭の詞では、「灯りを消した」部屋の暗がりが、「星」の光と対比されている。闇と光は「ガラス」の硬質性で分断されており、しかも光は消えていく。分断と消滅によって、「星」はより遠い存在として触知される。

2番のAメロの歌詞は「目を閉じて浮かべた密やかな逃げ場所は／シチリアの浜辺の絵ハガキとよく似てた」となっている。ここでは「目を閉じる」と「密やかな」が形成する閉鎖性と、「シチリアの浜辺」が形成する「海」の解放性が対置されているのだが、その対比を分断するのは「絵ハガキ」の一語だ。「シチリアの浜辺」は現実的な場所ではなく、「絵ハガキ」の中の世界に過ぎないこと。複製写真によって、「海」はより遠い場所として触知される。1番も2番も「たー」という声が最後に伸びるが、その伸びやかさが遠さへの希求となっている。

「からまわりしながら／通りを駆け抜けて／砕けるその時は／君の名前だけ呼ぶよ」「広すぎる霊園のそばの／このアパートは薄ぐもり／暖かい幻を見てた」「砂ぼこりにまみれて歩く／街は季節を嫌ってる／つくられた安らぎを捨てて」という他のフレーズにも「遠

さ」と「分断」が認められる。「君の名前だけ」を呼ぶ行為は「君」がその場にいないことを前提としているし、「幻」がそこにない場所や存在を表しているのは自明のことだ。「広すぎる霊園」は、「広すぎる」が距離的な遠さを代理しつつ、「霊園」の一語が彼岸の世界を想起させる役割を果たす。「広すぎる霊園」と狭さを思わせる「アパート」との対比関係も、二つの場所が「そば」にあるだけ余計に、「遠さ」を喚起する力となるだろう。さらに「空回り」「薄曇り」「砂ぼこり」の3語は、前半2文字と後半3文字の分節リズム、及び「り」の脚韻を共有しつつ、先に進めない感覚、前が見えない状況を表現し、遠い存在との「分断」を合わせて強調している。

加えて、2番の後の間奏は、転調によって「分断」されたコード進行に乗って、ファズとエコーのかかったギターが左と右で2本、少しタイミングをずらして同じメロディを重ねる。2つの音の微妙なズレが、現実感のなさ、幻の儚い「遠さ」の表現となっている。

こうした「遠さ」と「分断」の世界において、草野は以下のフレーズをサビで三度反復する。

猫になりたい　君の腕の中　寂しい夜が終わるまでここにいたいよ
猫になりたい　言葉ははかない　消えないようにキズつけてあげるよ

「猫になりたい」の「たい」、「ここにいたいよ」の「たい」、「言葉ははかない」の「ない」と、「a i」という、まるで人懐っこい猫のような甘えを感じる音が繰り返される。対して、甘えとは反対の印象を与えるのが「k」の音だ。「猫」「言葉」「はかない」「消えない」「キズつけて」と、サビの後半部を彩る言葉には「k」の音が多く含まれ、しかも「言葉」の「こ」、「消えない」の「き」、「キズつけて」の「き」がシンコペーションするアクセント音であるため、「k」の衝撃がより強化される。「k」という破裂音の強調が、「消えないようにキズつけてあげるよ」という嗜虐的な呼びかけと呼応して、強い暴力性が立ち現れる。「甘え」と「傷つけ」の同居する感覚。それこそが、〈猫になりたい〉という歌から抽出される「猫」の性質だ。

曲の中では、下降進行する落ち着いた印象のコードと、柔らかいタッチで淡々と繰り返されるミドルテンポの8ビートが、穏やかで平和なイメージを形づくっていく。それと相反するように、「甘え」と「傷つけ」を併せ持つ「猫」の暴力性が、歌と言葉の力で明確になっていく。スピッツにお馴染みの〝とげ〟と〝まる〟の分裂構造だが、この曲では穏やかさが曲全体を覆っているが故に、スピッツの暴力的な側面が反動的に強調される。その暴力性は、「猫」という動物の名によって表される。

前述したように、この曲を覆っているのは「遠さ」と「分断」の感覚だ。だからこそ、「君の腕の中」「消えないようにキズつけてあげるよ」と歌うサビの直接性、肉体性が引き立っている。しかし、何故あれほどまでに「遠さ」が「分断」に強調されていたにもかかわらず、突然に直接的な接触は達成されるのだろうか。本当に達成しているのだろうか？それはあくまで不可能な願望の投影、すなわち「幻」に過ぎないのではないだろうか？とはいえ、「灯りを消したまま話を続けた」という密接性も確かに表現されているのだから、幻とも言い切れないのではないか？果たして――。

空回りする疑念の答えは、それこそ「砂ぼこり」の中から出ない。唯一確かなのは、可能だろうが不可能だろうが、草野マサムネの次第に伸びて行く声と、シンコペーションによるアクセントの強調は、強く鋭い希求の表現となっていることだ。その希求して止まない感情の形は、歌の中で繰り返される一文に凝縮される。「猫になりたい」。

### 綿々とつづく〝野生〟

〈猫になりたい〉に顕著なように、スピッツは〝希求〟と〝絶望〟の分裂を繰り返し歌に乗せてきたが、そこには常に〝野生〟への志向があった。

「世界」の閉鎖感がアルバム全体を貫いているファーストアルバム《スピッツ》において、最後の曲〈ヒバリのこころ〉の音の広がりは例外的な開放のフィーリングを感じさせる。1度と5度のカーネルを強調するギターフレーズのストレートな広がりと、ライドシンバルの心地よい鳴り方。「僕らこれから強く生きていこう／行く手を阻む壁がいくつあっても」という、サビの言葉に伴う勇壮な響き。しかし、この曲の2番で「水槽の熱帯魚から離れられなくなっていた／僕が僕でいられないような気がしてたのに」という言葉が伸びやかに歌われるとき、《スピッツ》というアルバム全体を通して聴いた者は、〈トンビ飛べなかった〉の「やっと世界が喋った／そんな気がしたけどまた同じ景色」や、〈タンポポ〉の「何かが解かっても何にも変わらない」の諦念と〈ヒバリのこころ〉が呼応していることに気づくだろう。《スピッツ》は、諦念の認識を保ったまま、希望をそっと添えたところで終わりを迎える。

〈ヒバリのこころ〉の1分33秒続く長いアウトロで、1度のCメジャーコードが6度のAマイナーコードへ置き換えられるときの情感は、絶望を知りながら前へ進むしかない人間の悲壮さだ。その心境を、草野マサムネは「ヒバリのこころ」と呼ぶ。水槽から出られない「熱帯魚」も、飛べない「トンビ」も、踏んづけられる「タンポポ」も、人間の社会から は弾き出される〝周縁〟者だ。社会という水槽から抜け出す方法を、彼らは死に物狂いで探っている。

《名前をつけてやる》以降は、〝野生〟の〝周縁〟者が理想の状態として描かれるようになる。「きのうの夢で／手に入れた魔法で／蜂になろうよ／このまま淡い記憶の花を探しながら」と歌われる〈日曜日〉、「歌おう／この世界中に響くような獣（ケダモノ）の声で」と歌われる

〈オーバードライブ〉のように、「蜂」や「獣」は〝エロス＝ノスタルジア〟の彼岸を知る生き物として存在している。〈プール〉の「夏蜘蛛」もその一環だ。

キャリアを通して、スピッツは〝野生〟に自らを似せようとする。そして、2011年の東日本大震災以降、音数の少ないロックサウンドに寄せてからのスピッツの曲には、「生き物」「野生」「獣」に関する言葉がより目立つようになる。

負けないよ　僕は生き物で　守りたい生き物を
抱きしめて　ぬくもりを分けた　小さな星のすみっこ ――――――〈小さな生き物〉

「ありがとう」って言うから　心が砕けて
新しい言葉探してる
見えなくなるまで　手を振り続けて
また会うための生き物に ――――〈コメット〉

エサに耐えられずに　逃げ出してきたので
滅びた説濃厚の　美しい野生種に
戻る　がんばる　こんなもんじゃないよな

生まれ変わる前の　ステージで――――〈野生のポルカ〉

本能でさらに強く　伝えたい気持ちがある
これを恋というのなら　情けない獣さ――――〈ナサケモノ〉

ラブソングだと思われる曲に「生き物」という言葉が使われ、社会的な人間としてではない生き物としての矜持を示そうという試みがみられる。「滅びた」と思われる「野生種」に戻ろうとする。「獣」だとしても、それは「情けない」。不完全な「生き物」として、草野マサムネは歌の主人公を規定する。

《醒めない》のアルバムジャケットに架空の大きな獣が映っている点も、同様の意識の表れだ。フローリングの床に、大きな獣が眠っている。犬のような丸っこい鼻と口、ウサギのような広い耳、ヤギのような少し曲がった角。しっぽを丸くして、ベージュグレーの毛に覆われた体を休めている。その胴体の左側に、幼い顔の女性が体をくっつける。グレーのチャックシャツを着て、右頬と両手を獣の体にあてて、安らかな表情を浮かべている。背景は薄ピンク色で、上側にグレーで書かれた「SPITZ」のフォント文字。フローリングの薄茶色、獣とシャツと文字のグレー、背景のピンクは淡い色で統一されており、印象は暖かい。あらゆる動物の身体的特徴をくっつけた獣は架空の生き物で、草野のアイデアを基に造形された大きなぬいぐるみだという。写真は合成で、実物はそこまで大きくない（写真のサイズだと象ほどの大きさがある）が、それでもミニチュア感がでないように、相当の大きさのぬいぐるみになった。《醒めない》には〈モニャモニャ〉という曲があるが、この架空の生き物の名が「モニャモニャ」だという。

モニャモニャは撫でるとあったかい
この部屋ごと　気ままに逃げたい
夢の外へ　すぐまた中へ

「部屋」という密室のままで、外へ逃げていきたい。ブラシで叩かれた柔らかいドラムとスローテンポの穏やかな曲調に乗せて、切実で不可能な願いが歌われる。〝社会の中心〟ではなく、〝個人の周縁〟として生きたいという欲求が、架空の獣に託されているのだ。《醒めない》収録曲では、〈ブチ〉の「きみはブチこそ魅力」というフレーズや、〈ハチの針〉における蜂にも、同様の〝周縁〟性が感じられる。

草野マサムネは、スピッツのキャリアを通して〝野生〟を歌ってきた。そして、野生には絶対になれない。「汚れない獣には戻れない」。水槽の中の熱帯魚にしても、情けない獣にしても、歌の主人公が自らを重ねる対象は常に不完全だ。〝人間〟にも〝野生〟にもなれない中途半端な分裂状態が、スピッツの歌にはつきまとう。

## 《フェイクファー》の「偽り」と「幻」

1998年の〈フェイクファー〉において、「海」と「野生」の主題は「偽り」の名の下にひと繋がりになる。この曲では「偽りの海に身体委ねて／恋のよろこびにあふれてる」と歌われる。喜びが感受されるのは、本物ではない「偽り」の海においてだ。「偽り」の中でしか、喜びは見出せない。「フェイクファー」という「偽り」の毛皮を表す曲とアルバムのタイトル自体が、「偽り」の喜びを物語っている。

《インディゴ地平線》と同様に、《フェイクファー》はメンバーが忸怩たる思いを抱えた作品である。第3章でも述べたとおり、2007年の草野マサムネは、本作に関して今でも聴くのが辛いと言い放った。しかし、このアルバムも、《インディゴ地平線》同様、リスナーにとっては大きな魅力を放つアルバムだ。

《フェイクファー》の音は、アコギやシンバルの高音

スピッツ（2016）《醒めない》UNIVERSAL MUSIC, UPCH-7166.

が強く、キンキンと響いてくる。その音が、耳に若干の不快さを与えることはある。とはいえ、〈センチメンタル〉や〈スーパーノヴァ〉のようなガレージロックと、〈冷たい頬〉や〈仲良し〉のようなフォーク／カントリーと、〈ただ春を待つ〉や〈ウィリー〉のようなサイケデリックサウンドが均衡を取るアルバムの流れは心地よいし、〈楓〉や〈スカーレット〉といったシングル曲のメロディも鮮やかな印象を残す。〈運命の人〉におけるブレイクビーツ、〈謝々！〉におけるゴスペルコーラスも快活に響く。加えて、曲幅に飛んだ12曲の内にも、「ふざけ過ぎて／恋が／幻でも／構わないと／いつしか／思っていた〈冷たい頬〉」「愛はコンビニでも買えるけれど／もう少し探そうよ　〈運命の人〉」「どうでもいい季節に／革命を夢見てた　〈スーパーノヴァ〉」という言葉が連なるように、「偽り」や「幻」を必死に求めることの愚かさと悲しさが通じているから、強い統一感と凝縮感を感じとることができる。

スピッツ（1998）《フェイクファー》UNIVERSAL MUSIC, POCH-1685.

　アルバムの統一感を生んでいるもう一つの要因がある。薄桃のキャミソールを着た色白の女性の右横から太陽光のフレアが広がる、白の強いアルバムジャケットだ。光に包まれる感触を捉えた写真の中で、髪を垂らしたオレンジと白のストライプがあしらわれた紙コップを持って、曖昧な表情を向けている。白、薄桃、オレンジ、色素の薄い肌色。淡い暖色と光で彩られた写真によって、《フェイクファー》という作品の印象がさだまっている。

また、《フェイクファー》の歌詞カードは、通常定まったフォントを使うところ、手書き文字で印刷されている。歌詞や、スタッフネーム、果ては過去のディスコグラフィーのジャケットまでが手書きになっており、歌詞については草野マサムネの筆によるものだ。写真の一部が溶液によって溶けていて、白くなった部分に草野の文字が記されている。その文字は、規定のデザインで整えられたフォントよりも儚い印象を与える。また、《フェイクファー》の初回限定版は薄い乳白色の特注CDケースに入れられており、曖昧で柔らかい印象がより強調されている。

ジャケット、歌詞カード、CDケースと、プロダクトデザインのあらゆる要素が、光の中で溶けるような儚い「幻」のイメージとなっている。楽曲全体の「幻」を求める感覚が、視覚要素を巻き込むことで、より凝縮されたものとなる。その、統一感を有した12曲の最後にくるのが、アルバム表題曲の〈フェイクファー〉

スピッツ（1998）《フェイクファー》UNIVERSAL MUSIC, POCH-1685.

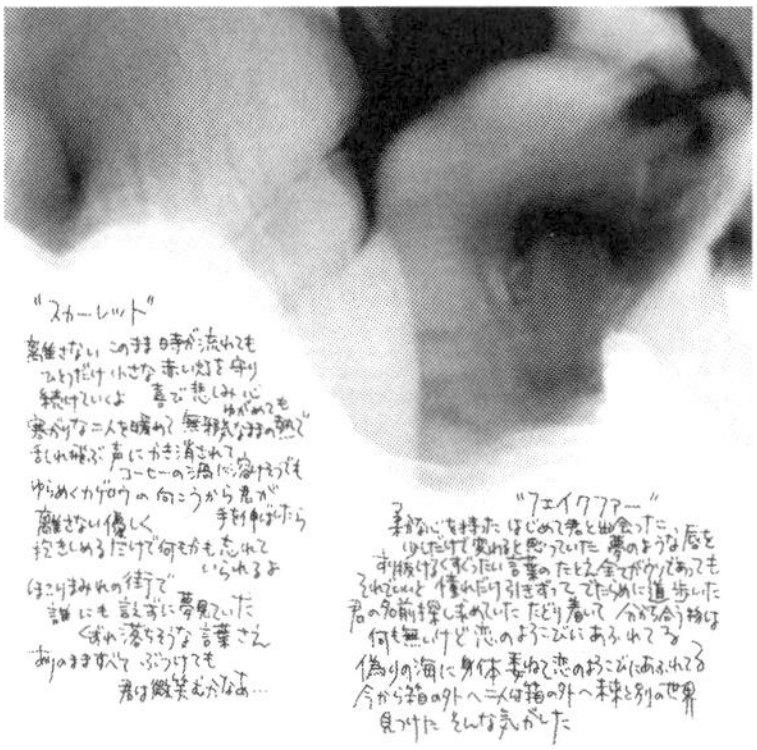

である。

## 凝縮の力

アルバム全体を通してキンキンと甲高い音の目立つアルバムの中で、〈フェイクファー〉だけはなぜかまろやかなサウンドを持っている。冒頭、三輪テツヤのアルペジオにしては歪みの強いギターの音からしてすでに心地よいし、コードが3度セブンスを挟んで6度マイナーになると同時に連打されるタムの音にも、豊かな強弱差がある。ミドルテンポで、70年代の日本のポップスを思わせる（チューリップの楽曲に近い物を感じる）懐かしさを備えた、さして激しくもない曲の中に、音の力強さが現れているのだ。音の豊かな変化は、メジャーとマイナーを行き来するコードの変化と呼応して、より豊穣な表現となっている。

この曲の歌詞は、過去形を多用することで喪失の感覚を描いている。「柔かな心を持った／はじめて君と出会った」の「た」の連鎖で描かれる情景は、平坦なメロディラインとまろやかな音の穏やかさの中で、より痛切な喪失感と共に浮かんでくる。「憧れだけ引きずって／でたらめに道歩いた／君の名前探し求めていた／たどり着いて」というフレーズでは、「憧れ」が（第2章で分析した）〃名前〃と結びついていることが察知される。6度マイナーへの変化と過去形の効果だろうか、「たどり着く」の達成感には、痛切な悲しみが混じっているように響く。そして、過去形が現在形に変わるBメロの歌詞に、スピッツの曲の大本を鋭くえぐる表現が登場する。

分かち合う物は　何も無いけど
恋のよろこびにあふれてる

他者との共有に対する諦念と、恋愛への強い希求の共存。ニヒリズムとロマンチシズムが一挙に現れ、「わー」と「a」音で広がる草野の澄んだ声と、1度カーネルと3度シエルを持つ印象深いメロディ（〈楓〉のサビと同じ音だ）と、ダイナミックな楽器のアンサンブルが共に響く。そのとき、スピッツが描いてきた世界が、ストレートに頭に飛び込んでくる感覚に陥る。「あふれてる」で音程が少しずつ高まる様子は、「あふれてる」状態を音響的に的確に表現する。さらに、曲の後半ではドラムがスネアの頭打ちになり、コード進行も変化するドラマティックな展開が待っている。そこで草野マサムネはこのように歌う。

今から箱の外へ　（遠くまで）
二人は箱の外へ　（必ず）

未来と別の世界（密かな）
見つけた　そんな気がした

かつて、ファーストアルバム《スピッツ》に強くあった閉塞感と外への脱出の願いが、2人の草野マサムネによるかけあい（括弧内のフレーズがコーラス部分）において再浮上する。〈月に帰る〉の「湿った木箱の中で／めぐり逢えたみたいだね」、〈タンポポ〉の「真っ赤なセロファンごしに見た秘密の庭」、〈死神の岬へ〉の「ここにいる二人は 穴の底で息だけしていた」。2人以外の人間をまったく必要としない極度の排他性と恋愛の反社会性を、これらのフレーズは明瞭に表す。しかし、彼らは小さい存在だから、反社会的なまま外へ出ようとする願いは決して叶わない。「そんな気がした」の一節が、その不可能性を伝えている。叶わない夢を求め続けること。性的な快楽と絶望的な虚無が、同時に訪れること。「偽り」の〝野生〟（＝フェイクファー）を信じ続けること。

「柔らかな心を持った／はじめて君と出会った」と最初のフレーズに戻り、円環が閉じられたかのように曲は終わる。アルバム全体の円環を通して、決して所有できない〝野生〟を求める、〝エロス＝ノスタルジア〟の感覚が表現されている。

スピッツは、「生と死が混ざる不定形」という同じ主題を繰り返し描いているが、肝要なのは曲によって音の描き出す質感がすべて異なることだ。〈ナイフ〉では、霧のようなシンセ音と絹のようなストリングスが、抑揚を欠いた歌声と絡まることで恐怖と歓喜が出現する。〈渚〉では、淡々としたリズムフィールと潮の満ち引きを想起させるボーカルメロディが、ミュージックビデオの揺らめきとも合わさって、あわいの永続的感覚を幻視させる。〈プール〉では、輪郭の薄いギターの音と「夏蜘蛛」のメタファーが、〈猫になりたい〉では、声の伸びとシンコペーションのリズムによる「遠さ」と「接触」の拮抗が、エロティックな情感の源泉となる。そして〈フェイクファー〉では、まろやかな音像と過去形の喪失感、アルバム全体の円環感覚とジャケットの幻視性が、不可能への憧れを際立たせる。

スピッツを聴いていると、同じ主題を繰り返すことが、録音作品にとってまったく問題でないことを実感する。上に挙げた5曲のメッセージが近い、もしくは同一のものだとしても、音触りはすべて異なる。耳の感触が異なれば、それらはすべて異なる出会いとなる。とはいえ、当然ながらどんな音でも違いがあれば構わないという話ではない。上記の曲に共通しているのは、凝縮の力である。「柔らかい日々が波の音に染まる」という〈渚〉のフレーズが、時間↕空間の対比と、触覚・聴覚・視覚をすべて重ねていたように、スピッツの楽曲においては言葉と音、時には映像が重なって、一つの主題へと凝縮されていく。その凝縮の強度によって、彼らの音楽は特別なものになる。同じ主題の繰り返しが飽和状態に陥らず、むしろより強い魅力の発信源になるのは、一つひとつの楽曲の凝縮濃度が高いからだ。濃度の高い楽曲が「スピッツ」というバンドの歴史の中で積み重なることで、より強い凝縮力を生み出すこととなる。凝縮によって、歌の中でだけ、スピッツは〝野生〟の幻に届く。

## 〝死〟の変化

しかしながら、「生と死が混ざる不定形」という主題は、ある時期から姿をくらます。それは《フェイクファー》の後だ。

草野マサムネが「海」や「野生」を〝エロス〟の幻と繋げるとき、そこには常に〝死〟への誘いがあった。〈プール〉や〈ナイフ〉の夢幻的な音は、死に溶けていく感覚を表しているように聴こえるし、第4章で踏み込んだ〈愛のことば〉の世界にも、極限状態の死があった。〈死にもの狂いのカゲロウを見ていた〉〈死神の岬へ〉といった初期の曲はタイトルからして死を想起させるし、実際に死の匂いが立ち込める曲だ。ところが、スピッツに常に漂っていた〝死〟の気配が、《フェイクファー》以降薄くなっていく。彼らの楽曲にとっての〝死〟の感触が変化するのだ。

《フェイクファー》は、アルバム全体が一つの円環を形成しているように聴こえる。というよりも、このアルバムでスピッツの歴史が一つの円環を閉じたように感じるのだ。スピッツ8枚目のフルアルバムを聴くたびに、私は「スピッツはここで一度終わったんだ」という思いを抱く。「もうどこにも行けない」という行き止まり感が漂う。ただ、《フェイクファー》から受けるデッドエンドの感覚は、必ずしもさみしさだけではない。スピッツが自らの本質を刻んだことに対する、充たされた感情もそこにはある。《フェイクファー》のジャケットに逆光とともに映るキャミソール姿で紙コップを持った女性の姿は、不可能な夢を見続けるスピッツの本質と見事な対応関係を示していた。音とジャケットとの響き合いにも、満ち足りた感覚が生じていた。彼らは解散せず、この後もバンドは続いていったが、《フェイクファー》の時点で一度リセットボタンは押されたのだろう。以降のスピッツは、また別のバンドとしての諸相を示しはじめる。

最終章では、その様相を確かめることで、スピッツにとっての〝生〟と〝死〟を明らかにしていく。

# 〈第9章〉揺続（グルーヴ）について――〝生〟と〝死〟

## 〃死〃から〃生き残り〃へ

1998年の《フェイクファー》の後で、最初に発表されたスピッツの録音作品は1999年1月の《99ep》だ。第6章で紹介したように、この3曲入りepの最後に収録されているのが〈青春生き残りゲーム〉という曲である。スピッツのメンバーが30歳を越え、「青春」という響きがいささか場違いになる時期に、「生き残り」の歌がつくられる。《フェイクファー》までのスピッツが〃死〃との近さを描いてきたのに対し、それ以降のスピッツは〃生き残ること〃を主題とするのだ。

たとえば、2005年の《スーベニア》に収録された〈恋のはじまり〉という曲について、当時37歳の草野マサムネは次のように語っている。

30代の半ばを過ぎますとですね、恋だのなんだのと言うのが恥ずかしいものになっている気がしてくるんです。けどむしろ、バンドマンはじいさんになるにつれてそういうことを声高に言うべきなんじゃないか。〈恋のはじまり〉は、じいさんになっても「惚れた腫れた」を歌いたいという、開き直りの決意みたいな曲です。〈※1〉

〈※1〉
「セルフライナーノーツ：草野マサムネ『スーベニア』」（MUSIC ON! TV）における草野の発言より

スピッツは、もともとラブソングをつくり続けたバンドだ。しかし、〈プール〉や〈愛のことば〉を聴けば明らかなように、彼らにとっての「ラブ」は〝死〟と隣り合わせだった。そんな彼らが、恋を生命の誕生と共に描くようになったのだ。〈恋のはじまり〉において、「新種の虫たちが鳴いてる」姿に「はじまり」を託し、幸福感と悲しみが混じったサブドミナントマイナーのコードとともに、30代半ばを過ぎての生命感を歌うようになった。〝生き残る〟ことが、スピッツの主題となった。

スピッツの新たなテーマである「青春」の〝生き残り〟が明確に描かれた曲が、〈春の歌〉である。これは《スーベニア》の冒頭に置かれた曲だが、アルバム発売後に「アクエリアス」のCMソングのタイアップ決定を受けてシングルカットされた。2014年には「ガーナチョコレート」のCMソングにも起用されているから、人口に膾炙した曲だろう。「はるのうーたー」とアウフタクトで草野マサムネの声が飛び込んでくるサビの印象がとても強いため、CM用には最適な楽曲だし、多くの人に知られたのもこのキャッチーさに起因するだろう。

ストリングスや効果音がふんだんに使われたこの時期にしては珍しく、〈春の歌〉ではバンドサウンド以外の音をほとんど加えていない。﨑山によるジャンベが足されるのみである。スネアの音も「スコン!」と軽い。2拍を「3／3／2」で割る基本リズムに、16

分音符で弾かれる草野マサムネのギター、そこにポンポンと足されるジャンベ。音が足されていないことで、リズムの気持ちよさが強調されているのがこの楽曲だ。草野の歌も16分の細かい譜割りで歌われるために、よりリズミカルな側面が強くなる。

重い足でぬかるむ道を来た
トゲのある藪をかき分けてきた
食べられそうな全てを食べた

同じ16分のリズム、同じメロディラインで忙しなく畳みかける言葉が、「食べられそうな全て」の「すー」の高音の伸びで開放へ至る。結果、聴き手に大きい印象を持って響くのは「全てを食べた」という言葉の連なりだ。死や喪失感と戯れるのではなく、「食べる」という、自らを生かす行為が前面へと出てくる。しかも対象は「食べられそうな全て」なのだから、そこに食の娯楽性はなく、生存手段としての「食べる」が強調される。生存という点では、同じリズムで奏でられるCメロの

歩いて行くよ　サルのままで　独り

というパートも、「猿」の一語で表されるように、〃人間〃的、〃社会〃的成熟とは別の道で生き続けていく思いの表明として聴こえる。リズムの躍動感にしろ、言葉の選択にしろ、そこに「生存」「生き残る」という主題が浮かび上がるのが〈春の歌〉という曲だ。だいいち、〈春の歌〉という題自体が、植物の芽吹きの季節を表している。

そして、この曲の主題はサビに至って別の表情と結ばれる。

春の歌　愛と希望より前に響く
聞こえるか？　遠い空に映る君にも

「春」「歌」「愛」「希望」「空」「君」。どれも、日本のポピュラーソング、あるいはコピーライティングにおいて無限に登場してくる単語だ。草野マサムネは、陳腐なほどありふれた語によって、社会の紋切り型を突き破る。「愛と希望より前に響く」という表現で「愛」「希望」の2語を相対化させている。この歌の中では、「愛」も「希望」も副次的な、とるにたらないものに過ぎない。代わりに言祝がれるのは「春の歌」だが、この言葉がなにを指すのかは詞の上で明示されない。そこには意味などなく、ただただ音楽の中で音を感じるしかない。聴こえてくるのは「うー」の音の伸びだ。Aメロの「すーべて」と同様、サビでも「はるのうーた」「きこえるーか」と「u」の音の伸びが繰り返されている。「あー」

や「おー」のように、口を広げて息を吐き出すことのない、口をすぼめて鼻腔から息を通す「うー」の音。それは、息を吐くときに出る音に近い。つまり、ヒトが生存のために必要とする、呼吸の運動の延長にある声だ。「春の歌」という響きは、「春」という言葉のイメージと、呼吸の動作が相まって、「生命を生かすなにか」の意味へと近づく。それを聞かせようとする相手は「遠い空に映る君」だ。「遠い空」も「映る」も、表象しているのは「君」の不在、あるいは死である。〈春の歌〉の生存の強調は、共にいるべき対象の不在に裏打ちされており、つまり、楽曲の中で広がっているのは、不在や死と共に生きる感覚だ。

〈春の歌〉のサビでは「4度↓5度↓6度マイナー」というコード進行が使われている。これは初期から現在に至るまでスピッツの曲に頻出する進行で、〈テレビ〉〈恋のうた〉〈スパイダー〉〈ロビンソン〉〈バニーガール〉〈フェイクファー〉〈ガーベラ〉など、多くの曲で聴かれる。「4度↓5度↓6度マイナー」のコード進行は、〈スパイダー〉の「だからもっと遠くまで君を奪って逃げる」や〈ガーベラ〉の「ありのまま受け止める　今　君のすべて」など、能動的な意思の表明としばしば共に現れる。マイナーの哀しみへと向かう音調に、覚悟の表現が伴う。草野マサムネが高い声で伸びやかにそれを歌うときに響くのは、不在や喪失を纏いながら生きることの表明だ。

〈春の歌〉の「愛と希望より前に響く」という詞は一人称の能動体ではないが、声の響きには「春の歌」を自ら歌う意思のイメージが表れている。意思の表明が、〝野生〟や〝死〟への憧れではなく、生き残ることに繋がっている。死や喪失を見つめてきたスピッツの音楽が、どのように生き続けることの肯定を表現しうるのか。紋切り型の表現から、どれだけの特殊性を発揮しうるか。「生と死の混ざる不定形」とは別の在り方を探っていたのが、1999年以降のスピッツなのだ。

## バンドとして生き残る

2000年代の初頭の10年、日本では時に「ゼロ年代」と呼称される時期の空気には、一種のサバイバル感覚が強く表れたと言われている。90年代には、死や孤独に惹かれる表現が強い牽引力を持っていた。『新世紀エヴァンゲリオン』にしろ、野島伸司脚本のテレビドラマ（『高校教師』や『この世の果て』）にしろ、岩井俊二監督の映画（『スワロウテイル』や『PiCNiC』）にしろ、岡崎京子のマンガ（『リバーズ・エッジ』や『ヘルタースケルター』）にしろ、当時のインパクトと共に記憶されている作品群はどれも死の匂いを漂わせている。1999年の世界が滅亡すると語った「ノストラダムスの大予言」が流行した時期でもあったし、そうした終末感の空気がオウム真理教のテロという具体的な被害事件にも繋がった。90年代にV系が流行し、99年にGLAYやL'Arc～en～Cielが10万人以上の規模でライブを開催できたのも、世紀末の終末的な気配を背景にしている。死や喪失を歌っていたスピッツが流行のバンドになったのも、こうした90年代の空気によるのかもしれない。

そして、世界の滅亡らしき出来事が起こらないまま「ゼロ年代」に入る。日本では長引く不況の影響で具体的な貧困が問題となり、海外では2001年9月11日の同時多発テロを皮切りに、戦争がよりアクチュアルな現象として前面化してきた。死は精神的な危機のイメージとしてではなく、肉体に迫る物質的・経済的な危機へと移り変わっている。そうした気運に同調するように、生き残ることをテーマにした『バトル・ロワイアル』や『デスノート』といった物語が流行作品となる。そこに時代の変化を見てとって言葉にした論者もいた〈※2〉。死や喪失と共に生きる表現を模索していたスピッツも、時代の流れと歩みを共にしていたといえるだろう。その日本の文脈との同調具合が、スピッツをよりドメスティックな存在に見せる一因にもなっていただろう。

ただ、スピッツの変化はもっと単純で即物的な理由からももたらされている。2000年代は、スピッツの4人が「スピッツとして生活する」ことが明確になった時期だ。結成当初のスピッツは、憧れの新宿ロフトに出演する以上の目標を持っていなかった。メジャーデビューのあとはいつバンドが解散するかもわからない不安定さの中にいたし、ブレイク以降は混沌の只中だった。嵐が過ぎた後で、スピッツのメンバーはスピッツを続けること

〈※2〉宇野常寛『ゼロ年代の想像力』早川書房、2008年

を決めた。スピッツをぼんやりとした集まりではなく、スタッフやファンを含めた共同体として存続させることを確立したのがこの時期なのだ。2007年にメンバー4人が過去を振り返る『旅の途中』という本が出たのも、存続の思いを証し立てているだろう。死や喪失はスピッツのテーマであり続けるが、スピッツは生き続けなくてはいけない。30代を越えて、夢見る頃を過ぎたからこそ、今を生きなくてはいけない。サウンド面での変化を遂げた《ハヤブサ》の1曲目が〈今〉と題されていたのは、今思えばとても象徴的だ。

## 﨑山龍男の揺続感

2013年の《小さな生き物》以降、音づくりがシンプルになり、〝野生〟や〝生き物〟が強調されるようになった後も、そこにあるのは〝生〟を続ける感覚だ。スピッツの4人が年を重ねたからこそむしろ、〝生〟を描くことに注力しているようにも思える。スピッツは、若さ=生、老い=死という紋切り型の結びつきに逆らう。彼らの音楽の中では、若さが〝死〟に近づき、老いが〝生〟に近づくのだ。「じいさんに近づいたからこそ恋を歌いたい」と言った草野の言葉にも、老いと生との繋がりが感じられる。

とはいえ、スピッツの歌から〝死〟の匂いが消えたわけではない。2002年の〈水色の街〉や、2019年の〈ありがとさん〉は、〝死〟を想起させる音と詞を有している。〈春の歌〉における〝生き残り〟という主題も、他者の〝死〟を意識しているからこそ浮上するものだ。〝生〟を強調するにせよ〝死〟を強調するにせよ、スピッツの表現は〝生〟と〝死〟の引き裂かれを常に描いてきた。両者の間で揺れ続けることこそが、彼らの音楽にとって肝要だった。そして、彼らの揺れ続けるグルーヴを体現しているのが、最初期から現在に至るまで草野の歌を支えている﨑山龍男のドラムである。スピッツを語るとき、﨑山のプレイについて触れられる機会は少ない。しかし、その役割は重要であり、彼の演奏については言葉を多く費やす必要があるだろう。

﨑山のプレイは、ヒップホップ的に聴こえるときがある。4拍子の1拍を3で割りながら裏拍を強調する、その少しなまったリズム感覚は、「ブーンバップ」と言われる、90年代のヒップホップで主流だった（そして今でも基本的形式として考えられている）リズム形式に近い。とくにそれが顕著になるのは、いわゆるミドルテンポ、BPM90〜120の間で進む楽曲だろう。多くのロックバンドのドラムは、ハイハットやライドシンバルなどを均等に4分音符（または8分音符、16分音符）で刻み、楽曲の切り替わり時点（たとえばメロからサビへの展開）でスネアやタムドラムの連打を激しくコンビネーションさせて存在感を表す。このときの激しさ、静から動、規則性から不規則性へのダイナミズムがロックにおけるドラムの一つの特徴となる。﨑山もそうしたフィルを使わないわけではないし、むしろ大いに活用しているのだが、他のロックバンドと異なるフィーリングを有しているのは確かである。彼のドラムフィルには激しさが感じられない。むしろ、ひたすらに継続していく揺れ動き、つまりグルーヴの一部という印象を覚える。

〈名前をつけてやる〉を例にとろう。この曲では躍動感とゆったりした感覚が混じっている。1拍を3で割りつつ、キックとスネアを通常の8ビートを半分にしたタイミングで叩く。これは「ハームタイム・シャッフル」と呼ばれるリズムパターンだが、﨑山のハイハットと草野のアコースティックギターがリズムを細かく刻む中、三輪テツヤと田村明浩がユニゾンするリフはハードロック的で、微妙に後ろにもたれている。そうしたコンビネーションの中で、ジャズやヒップホップのノリとも違う、かといって思い切りロックというわけでもない微妙な配分の、スピッツのグルーヴが生まれる。〈チェリー〉や〈サンシャイン〉といった曲でも、同様の特徴が確認できる。

﨑山はスピッツのメジャーデビュー前に、ジャズドラマーの小山太郎のレッスンを受けている〈※3〉。80年代から現在に至るまで、ピアノトリオからビッグバンドまで幅広い編成で演奏しており、ジャズの専門誌「スイング・ジャーナル」の人気投票でも上位にランクインするドラマーだ。小山は﨑山と同じ栃木県出身で、1965年生まれ。﨑山とは2歳しか違わないが、若くからプロドラマーとして活動し、1984年にはすでにレコードデビューを果たしている。ハットやスネアにおいて、微妙なニュアンスを正確に表現でき

〈※3〉
スピッツ『旅の途中』幻冬舎、2007年、p.90

るドラマーだ。元々、ラウドネス、アースシェイカーといったハードロックバンドから影響を受けていた﨑山は、おそらく小山のレッスンからジャズのニュアンスを獲得している。スピッツのBPMの速い曲ではスネアのタイミングがジャストより少し遅めのメタル的な演奏になるが、遅い曲ではジャズ的なドラミングになる。

ジャズの3連のリズムに、裏拍のスネアを足したのがヒップホップの基本的なリズムだ。90年代のヒップホップシーンを代表するラッパー、ノトーリアス・B.I.G.のドキュメンタリー映画『Biggie: I Got a Story to Tell』では、彼が自分のラップスタイルをビバップの名ドラマー、マックス・ローチの演奏から身につけたエピソードが（彼の少年時代を知るトランペッター、ドナルド・ハリソンの口から）語られている。こうした例に限らず、ジャズとヒップホップの結びつきは強い。スピッツのミドルテンポの曲はジャズよりヒップホップのBPMとリズムパターンに近いため、﨑山のジャズ的なドラムが加わると、より強くヒップホップ的なリズムの響きを持つこととなるのだ。もちろん、ヒップホップのミュージシャンのように、スピッツはラップで言葉を矢継ぎ早に放ったり、ソウルやジャズの曲をサンプリングしたりはしないから、音の質感も曲のムードも大きく異なる。しかし、こと﨑山のプレイに関しては、ヒップホップの律動感と近い感触がある。

また、﨑山はラウドネスのドラマー、樋口宗孝を尊敬しており、2021年初頭に「ロック大陸漫遊記」に出演した際も、「家でドラムを練習していた曲」の一つにラウドネス

〈MILKY WAY〉を選曲している。その際、﨑山は樋口のドラミングに関して、「ハードロックの中に、T-SQUAREやジェフ・ポーカロの影響を感じる」という注目すべき発言を残している。T-SQUAREは日本のフュージョンの代名詞的バンドであり、ジェフ・ポーカロはTOTOやスティーリー・ダンといったバンドでのプレイが名高く、AOR（ジャズやボサノヴァの要素を加えたロック）の代表的なドラマーとして知られている。共にジャズのスタイルを特徴とする存在だ。ハードロック／メタルの典型と考えられているバンドに、﨑山はジャズのニュアンスを感じており、そしてハードロックとジャズの混淆は彼のドラミング自体に強く感じられるものだ。

ジャズ的だと言うのは前述の4拍子の1拍を3で割っていくリズムフィールに顕著だが、もう一点、ハイハットのニュアンスの叩き分けを挙げることができる。たとえば、〈ニノウデの世界〉のAメロ。16分のノリのなかでハイハットが打点的には均等に連打されているが、最初の4音に比べると、次の（スネアの1打を抜いた）3音のアクセントが強くなっており、次の7音ではまた弱くなる。音が後ろから前に出てきてまた後ろに戻るという形で揺れが発生し、ジャズのフィーリングが加わるのだ。デビューシングル〈ヒバリのこころ〉のサビで細かく刻まれるハットにも強弱の揺れが感じられ、《花鳥風月》収録の〈鳥になって〉のAメロ、8分のハイハットの裏拍が強めに打たれる演奏も、一般的なロックスタイルとは異なる。これらのスピッツ初期の楽曲は、コード進行や構成やギターサウンドについては当時の英米のバンド、ザ・ストーン・ローゼズ、ライド、ピクシーズ、ザ・サンデーズなどに影響を受けているが、ドラムのグルーヴはまったく似ていない。崎山のプレイが独自の揺続感の出どころとして、デビュー初期から機能していることがわかる。

崎山は、自らが目指しているグルーヴのイメージとして、バーナード・パーディの名も挙げている〈※4〉。パーディはアレサ・フランクリンやニーナ・シモン、ギル・スコット・ヘロンなどの作品に参加した、ブラック・ミュージックの歴史における重要ドラマーだ。彼の参加した多くの曲がブレイクビーツのサンプリング元になっている。パーディのプレイはひたすら継続する心地よさが特徴で、リズム・パターンが変化しても持続していくヒップホップ的な崎山のグルーヴは、パーディのドラミングに通ずるものがある。

ここで忘れてならないのは、草野のギターと崎山のドラムのリズムコンビネーションの妙だ。草野は《Crispy!》から《インディゴ地平線》までレコーディングでギターを弾いていなかったものの、他の録音作品、ライブでは常にギターを弾いている。第1章で述べたように、初期には彼のアコースティックギターこそが、バンドブームの中での際立つ個性となった。そして、草野はギターだけを取ってみても十分な技巧がある。〈ジュテーム?〉や〈大宮サンセット〉の弾き語りでのスムーズなピッキングを聞けば、それは明らかだろう。〈鳥になって〉や〈月に帰る〉といった初期の楽曲では、細やかなアコギとストロークが、崎山のドラムとの相性のよさを示している。

〈※4〉
「リズム&ドラム・マガジン」2010年11月号、p.151

スピッツの音楽には、続いていくことの喜びが宿っている。彼らの活動にはいくつかの危機があったし、バイオグラフィーやインタビューでは語られない岐路も多くあっただろう。先述のように、《フェイクファー》にはすべてを遂げたかのような終結感もあった。それでも、スピッツは続いているし、今では「続いている」こと自体が、彼ら独自の個性になったかのようにすら感じられる。

そして、スピッツの続いていく感覚は、﨑山のドラミングの特徴と重なっている。4と3のリズムの間で揺れながら、強靭な持続感を発揮する彼の演奏こそが、スピッツというバンドの魅力を生む源泉となっているのだ。

## スピッツのライブ——日常と非日常の接続

《ハヤブサ》の最終曲〈アカネ〉は、それぞれのメンバーの特徴が明確に表れる1曲だ。三輪の開放弦を混ぜたアルペジオの反復に、アクセントとなる草野のギターストローク、低音と高音を移動しながら太くうねるベース。シンプルなビートで心地よさを生み、ブリッジでは微妙に強弱をつけた16分のハイハットの刻みを聴かせるドラム。楽曲自体は、サビらしいサビのない、抑揚の幅の狭いポップソングだ。ギターの音量もボーカルの声域も抑えられているが、《ハヤブサ》の音の粒が立ったサウンドデザインによって、演奏の一つひとつの微細な変化がダイナミックに感じられる。それぞれの演奏者の癖が全体のノリを生み、バンドとして鳴らすことの歓びが曲の中に宿っているのだ。そして、〈アカネ〉という楽曲の特徴は、スピッツのライブ・パフォーマンスの特徴とも通じ合っている。

スピッツのライブを最初観たとき、私はどう楽しんだらいいかを掴みあぐねたのを覚えている。それは複数のバンドが集まるロック・フェスティバルだった。スピッツのライブは派手な演出やアクションを駆使したショーではもちろんない。激しいドラムやギターの迫力で攻めるわけではないし、踊れるリズムに特化した演奏でもない。かといって、静かな音量で歌や楽器の響きを味わうタイプのコンサートでもない。ロック的な迫力と、継続する心地よいリズムと、歌の響きがどこにも寄り切ることなく共存する。それは一見どっちつかずな、物足りない時間に感じられた。

その後、何度か単独ライブに足を運ぶうちに、中途半端にも思える演奏スタイルが、長年にわたって練られてきたスピッツのノリであることに気づいた。前述したような演奏者それぞれのクセが、ズレを孕みつつ共生する。MCやステージングにおいても決して卓抜さを示すわけではないが、4人（＋キーボーディストであるクジヒロコ）のチャーミングな関係性が感じられる。派手なルックスの三輪テツヤが持ち場から一歩も動かず正確なリズムを刻む中、田村明浩がステージを延々と動き回り、時には演奏を放棄して客席を扇動する。草野マサムネは音程をほどんど狂わすことなく声を広げ、MCでは日常のエピソードを披露して、ライブ全体の流れにアクセントをつける。そして、﨑山龍男は終始楽しそうな表情で、バンドの揺続感を支え続ける。長年にわたり熟成されてきたその心地よさに一度気づくと、スピッツのライブ体験全体のグルーヴが貴重なものに思えてくる。彼らのライブは、非日常としての体験を与えるというより、日常と地続きの体験として感受される。通常の日々を続けることへの肯定が、その音響空間からは伝わってくる。その肯定は、言語的メッセージとして表現されるのではなく、演奏とパフォーマンスにおける気配によって表現されるのだ。

彼らの演奏は、一聴した限りでは強靭さや正確さの印象を与えない。むしろ、なんてことはない「普通」の印象を与える。技術が低いわけではないのに、技巧を感じさせない。淡々と淡々と、スピッツの音楽を演奏し続ける。

## バンド活動のグルーヴ

ライブに限らず、スピッツはその活動自体も淡々としている。レコーディングとライブを2~3年のサイクルで繰り返し、他に取り立てて目立った活動をしない。多くのミュージシャンが行っていることを、ただただ継続していく。普通の、ある意味保守的ともいえる活動スタンスだ。

我々の生活は、サイクルから逃れることはできない。別にそれは、職場と家庭を行き来するような会社員としての繰り返しに限らない。比較的自由に働いているように見えるミュージシャンにも、繰り返しはやってくる。そもそも、睡眠や排せつに代表される生理現象が繰り返しを基準にしている限り、人間が繰り返しから逃れることはない。「同じことの繰り返しばかりで退屈」と言われても、繰り返し自体が生活の基本条件だ。

音楽家・批評家の大谷能生は、グルーヴを二つのものが一つにくっついて離れることだと定義した〈※5〉。「グルーヴ」の語源はレコードの「溝」を指す。レコード針が溝に触れることで音がはじまり、溝から離れることで音は終わる。レコードが回る間も、針は溝の上をくっついては離れている。その揺れ動きに音楽の心地よさの源泉を見た人は、R＆Bやファンクの快楽を「グルーヴ」の一語で形容した。

考えてみれば、人間のあらゆる快楽は「くっついて離れる」ことによって成り立っている。歩くこと、走ることは、足が地面から離れて戻ることで快楽となる。演技は、誰かが別の誰かになり変わり、また元の誰かに戻る遊びだ。会話は、言葉が誰かのものへ届き、自分の元へ戻っていくことの繰り返しで成立する。食事は、食物が歯と舌に触れて離れることで歓びとなるし、口から体に取り込まれ、肛門から離れていく。すべての球技はボールがくっついて離れることで成り立つし、キスにしろセックスにしろ、性的行為はすべてくっついて離れるものだ。「くっついて離れる」サイクルは、人間の快楽の出どころである。

〈※5〉
大谷能生『ジャズと自由は手をとって（地獄に）行く』本の雑誌社、2013年、p.17

繰り返しが無感覚か苦痛を生むとすれば、それは適正な「くっつく」と「離れる」を経ていないからだ。

そして、優れた揺続、グルーヴには複数性がある。複数の律動が一つになり、複数の動作が一つになり、複数の人間が一つになる。複数のグルーヴはズレを孕んだままで、多数の存在を凝縮させていく。スピッツの活動は、うんざりするような単一性に傾く人生の時間において、胸を躍らす複数の歓びを見つけるために、繰り返しから抜け出すのではなく、繰り返し自体の強度を鍛えて生き残ろうとする。しかし、「百億世代続いた糸を切る」と歌うように、人類や国家という大きな抽象概念によって担保されるような、人間社会の繰り返しは信じない。スピッツにとっての繰り返しは、具体的で、動物的で、生理的なものだ。

揺続の観点から考えると、〝死〟から〝生き残り〟へという主題上の変化にも、連続性があると感じる。スピッツの演奏と活動は、揺らぎを伴って持続する。何気ない、けれどしなやかなグルーヴの上で、〝死〟も〝生〟も包み込まれる。バンドとして鳴らす音楽の快楽によって、草野の歌の表現は支えられる。

私たちは死に憧れながら生き、生き残ることを望みながらやがて生き絶える。私たちの日々は、最期まで〝死〟と〝生〟に引き裂かれる。その分裂を体現し続けることで、表現としての強度を高めていったのがスピッツの歴史だ。彼らのグルーヴが持続することで、初期の強烈な閉塞感も、生き残りを賭けた歌も、より強い引力を持つことになる。

## 青い車

スピッツにとっての〝死〟と、〝生き残る〟ためのグルーヴを同時に感じさせる曲として、私は〈青い車〉を取り上げないわけにはいかない。1994年に発売されたこのシングル曲には、スピッツというバンドの来歴が凝縮されている。

﨑山はスネアの裏のキックで16分の律動を強調し、田村のベースは細かく動いてうねりを加える。2人のコンビネーションには、16分のリズムフィールと共に、シャッフル気味に三連で跳ねる心地よさも感じられる。中央からアコースティックギターのストローク、右からクリーントーンのアルペジオ、左からオクターブ奏法によるメロディと、3本のギターが同時に響く。それぞれの音量は控えめに設定され、音の輪郭も薄い。3つの音が重なることで、淡い透明感を形づくっている。シューゲイザー的な大音量ではない。だが、輪郭感の薄い音の合成で透明感をつくるのはシューゲイザー的なアイディアであり、スピッツは自らが受けた影響を別の形へ移すことに成功している。音量が大きくなくても、〝不定形のエロス〟はつくり出せるのだ。とはいえ、ここでのエロスは濃密なものではない。重ねる早朝の晴れた空のような爽やかさが、この曲の基本的な空気感となる。

Aメロに入っても、リズムは変わらない。歌を中心に聴かせるために、ギターは音数を減らして、ベースはルート弾きで演奏される。草野のボーカルは一語一語を伸ばし気味に発声し、楽器隊の爽やかさに答えるように音の広がりを強調する。

冷えた僕の手が　君の首すじに
かみついてはじけた朝
永遠に続くような　掟に飽きたら
シャツを着替えて出かけよう

「冷えた」「手が」「朝」「ような」「飽きたら」と、声の伸ばし目での母音の「a」が青空の広がりを演出し、「朝」「シャツを着替えて」という言葉も、爽やかな早朝を想起させる。最初の16小節の終わり、「はじけた朝」の後ではダイアトニック環境外のFのコードが挿入され、透明感の中に不穏なユーモアが混じる。

ここまで、草野にしては比較的低い声で歌われてきた。結部の「でかけよう」が1度カーネル（ラ）で終わることからも、安定した印象が強い。しかし、サビに入ると、ほぼ一オクターブ上の音域へ上昇し、浮上するような感覚が聴き手に与えられる。

君の青い車で海へ行こう
おいてきた何かを見に行こう
もう何も恐れないよ
そして輪廻の果てへ飛び下りよう
終わりなき夢に落ちて行こう
今　変わっていくよ

高いラを最高音に持つ、安定感のある高音のメロディーが心地よく響き、「青い」「海」といった単語がここでも爽やかな透明感を伝える。サビの2周目に入ると、様子が変わる。「飛び下りる」「落ちる」という下降のイメージが続き、メロディーの上昇を追いかけない。R.E.M.の〈Fall On Me〉を思い出させるメロディーと言葉の逆行によって、聴き手の印象は安定を失う。バンジージャンプやスカイダイビングのように、透明な空間に体を投げ出すときの解放と不安の混交。そのあとの、「今変わっていくよ」の「て」の箇所で、ボーカルメロディーは情動的な2度カーネルのシまで到達し、ふわっと浮かび上がるようなエモーションが生まれる。ここに「今変わっていくよ」という言葉が乗ることで、〈青い車〉という曲は変化への願いを込めたエモーショナルな歌として触知されるだろう。3回のサビで同じフレーズは毎回歌われ、最後のサビでは二度繰り返しになるから、印象はより強まるだろう。

ギターは全体的に小さい音量で過ぎていくが、ドラムとベースのブレイクを含んだブレイク後のギターソロは中音域が強調されており、存在感がある。三輪のギターは太くなめらかな音でメロディを強調しており、穏やかな1度カーネルからはじまり、2オクターブ上の3度カーネルまで高まる音程の変化と合わせて、この曲のエモーショナルな側面を強調している。

## 複層する情動

ただし、〈青い車〉という曲は単一化された情動では収まらない。サビの語尾がすべて「o」で統一されている点に注意しよう。スピッツにとって「o」の音は、孤独感や淋しさと繋がっている。〈アパート〉の「そう恋をしてたのは僕の方だよ」の「o」の連続、〈愛のことば〉の「傷つくことも　なめあうことも　包み込まれる愛のことば」の「o」の強調などは、喪失感を強める役割を果たしている。草野マサムネの「おー」という声は、イヌ科の動物（＝スピッツ?）の遠吠えを想起させる。それはつまり、呼びかける対象が今ここにはいない、さみしさと呼ぶべき感情を増幅する呼びかけである。サビの部分では、爽やかで透明な空気と、「変わっていくよ」というポジティブな変化の意志と、孤独感とさみしさの情動が同居しているのだ。

情動の複層性は、言葉に意識を向けることでより複雑さを増す。冒頭の「冷えた僕の手が君の首すじに　咬みついてはじけた朝」というフレーズは、恋人どうしのたわいない悪ふざけのようにも響くが、同時に「首すじに咬みつく」が絞殺のメタファーにもなり得るし、「冷えた僕の手」が死者の亡霊のイメージとしても捉えられる。たわいのなさと不穏さが、爽やかに伸びる声に乗せられている。この複雑怪奇な未決定性は、「永遠に続くような掟」にも「おいてきた何か」にも「輪廻の果て」にも「終わりなき夢」にも木霊する。今の世界から抜け出そうという意志の表明は、生命の強さと同時に、暗い死を想起させずにはいられない。「飛び下りる」「落ちる」の下降運動も死のイメージに呼応している。しかし、それもまた未決定のまま、聴き手に受け渡されている。生死の境が不定形に失われる感覚は、まさにスピッツ的なエロスの在り方だ。

2番の歌詞も聴いてみよう。

生きるということは　木々も水も火も
同じことだと気付いたよ
愛で汚された　ちゃちな飾りほど
美しく見える光

物質すべての生命を認めるアニミズム的な意識や、安っぽい物体に逆説的な価値を見出す感性が、穏やかで爽やかな歌と演奏に包まれている。この後のサビの「つまらない宝物を眺めよう　偽物のかけらにキスをしよう」にも通じるが、高尚なものではなく、低級のものを受け止める言葉は、〈フェイクファー〉や〈ローテク・ロマンティカ〉など、スピッツでは頻出する表現である。だが、〈青い車〉には、生命や死を世俗とは別の認識で捉える感性が表現されているから、低級なものへの愛着と超俗的な哲学的認識が衝突しており、より複雑な響きに突入している。「木々や水や火」の〃生〃を認めることが、逆説的に人間の〃死〃を暗示しているようにも聴こえる。

2番の終わりにはブレイクがあり、そこではまた別のメロディーが歌われる。

潮のにおいがしみこんだ
真夏の風を吸いこめば
心の落書きも踊り出すかもね

2度セブンスのsus4とドミナントマイナーを含んだコード進行に、どこかのんきなメロディー。フランジャーのかかった迷幻的な音色。そこに「潮の匂い」や「真夏の風」という言葉が重なることで、楽曲の爽やかさと情けなさが共に強調される。そして、穏やかで情緒的なギターソロが続く。1番と同じ歌詞のサビが繰り返されて、イントロと変わらないアウトロでこの曲は終わる。「今変わっていくよ」のエモーションが、どこにも終着しないまま。

〈青い車〉が描く情動には、解放も、不安も、希望も、淋しさも、生命も、死も、性も、低俗性も、超俗性も、すべて詰まっている。2人でドライブを楽しむ何気ないラブソングにも、殺人や心中のような特異状況を気味悪く描いた歌にも、生と死をめぐる哲学的思索をメタファーに投影した歌にも聴こえる。そして、楽曲の全体的な印象は、あくまで爽やかな朝の空気なのだ。

〈青い車〉の演奏は、実にグルーヴィーだ。ベースとドラムは16分を着実に刻むようで、3連に近いタメも含んでおり、揺らぎを抱いたまま、同じ律動パターンを繰り返していく。サビに入っても、ギターソロでもアウトロでも反復している。半永久的に持続するような心地よさがあり、何度聴き返しても飽きない。スピッツは「永久に続くような掟」や「輪廻」といった、ひとりの人間が決して体験できない、抽象的な反復概念は否定する。しかし、複数の人間が織り成す、有限を宿命づけられた具体的な反復性は肯定するのだ。

## 凝縮された物語、ポップ・ミュージックの「分裂」

未決定なイメージやストーリーラインの複層性を、一つの爽やかな気配の中に溶け込ませ、有限の反復の中で持続させる。これがスピッツの音楽の、根本的な特徴だ。その特徴は、スピッツの活動の在り方とも一致する。

スピッツが30年以上の活動の中で描いたのは、日本という引き裂かれた国家の物語でもあり、マスメディアの時代に生きるコミュニケーション不全の人々の物語でもあり、生と死が溶け合うエロティシズムの探求の物語でもある。もちろん、上昇志向の薄い人間がスターになってしまったことの混乱と折り合いをつける物語でもあるし、ロックバンドが音響と演奏の進化に腐心する物語でもあるし、単に4人の男達が仕事を続けるだけの物語でもある。そうした複数の物語が、スピッツの来歴に凝縮されている。〈渚〉や〈フェイクファー〉といった個別の楽曲の魅力を担う凝縮性は、スピッツというバンドの活動自体にも表れるのだ。未決定なストーリーを凝縮した束が、スピッツというバンドの爽やかなイメージの中で溶け合い、そのストーリーは揺れながら続いていく。おそらく、それはスピッツのメンバーの病や死に遮られるまで続いていくだろう。

スピッツは、他の多くの作家たちと同じように、彼らをとりまく環境に翻弄されながら、バンドを続けてきた。意に沿わない状況も、先の見えない苦しみももちろん体験してきただろう。スピッツは、なんら特別なバンドではない。我々一人ひとりの生活のように、ありきたりな存在である。スピッツの表現は、そうしたありきたりが、同時にまったくありきたりではないことを証明する。

スピッツは、自分たちがはみ出し者であるという認識を消さなかった（消せなかった）。帰属意識を持つことに、違和感を覚え続けた。トップバンドとしての立場を確立した後も、日本の音楽産業と不可分な芸能界と蜜月を結ぶことは避けてきたが、同時に、アンダーグラウンドのコミュニティを支えとすることもなかった。自らが誰なのかを、どこに自分たちがいるかを、固定しなかった。彼らの場所がどこにもないからこそ、彼らの表現はどこにでも行くことができた。誰でもないことは、誰でもあることを意味する。誰の心の中にも密かにたたずむ〝周縁〟者の感覚に、彼らの音楽は柔らかく触れた。もちろん、これは精神論ではなく、自らの抱える認識と感覚を音響現象に変える術をスピッツは知っていたということであり、内側でも外側でも安定できない〝周縁〟者の軸をずらさないまま活動を続けるための、鍛錬を成してきたということだ。少数派の心を抱いたままポップ・ミュージックの世界で生き続けられることを、スピッツは示した。彼らの姿がありふれたものになればなるほど、彼らの存在は特別になる。

ポップ・ミュージックは、資本主義の中で大きく発展を遂げた文化産業形態だ。大量に複製された製品を人々に与えることで、金銭は特定の組織に集中していく。潤沢な資金を元に技術が開発され、音楽は新しい形態を見出す。その裏で、貧しさに苦しむ人間は常にいる。貧富の格差によって人類の生活を発展させる社会形態と、大衆音楽の相性は抜群だ。ポップ・ミュージックに私たちが心を動かすためには、格差の温存が条件となる。格差が大勢の人を殺すとしても。その意味で、ポップ・ミュージックが殺人の罪を逃れることはない。

また、複製芸術はその誕生以来、国民国家同士の戦争・国民国家内での内戦に利用されてきたジャンルである。アメリカ兵がナチスと日本兵を殺すために聴いたスウィング・ジャズ、ナチスが民族としての優越性を表現したワーグナー解釈。ルワンダ内戦の大量虐殺を扇動したラジオ、シリアにおいてＩＳが巧みに利用したYouTube。音楽と映像のメディアは、戦争と殺戮にとっての最良のパートナーだ。複製芸術の高揚感と増殖性は、個人の拠り所のなさを社会に吸収する全体主義運動と、常に相性がいい。

それと同時に、ポップ・ミュージックはあらゆる個人の生を鼓舞してきた。アフリカン・アメリカンや女性や同性愛者など、歴史上抑圧されてきた人々を解放した。社会的にはマイノリティではなくても、生活の困難を抱えるあらゆる〝周縁〟者の誇りや欲望に力を与えた。

ポップ・ミュージックは、人を殺す力と、人を生かす力を同時に持つ。経済や社会や国家に常に振り回される脆弱さと、他のなににも代え難い、誰にも奪えない強靭な生命力を併せ持つ。それが、ポップ・ミュージックという「分裂」した文化産業である。その分裂は、個人と社会の間で戸惑い続ける、私たちの生の似姿だ。

スピッツほど、ポップ・ミュージックの分裂に自らを重ねた音楽家はいない。少なくとも、日本語の世界にはいない。彼らは、自らが〝社会〟の〝中心〟から逃れられない、〝日本〟の〝有名〟人であることを自覚している。経済活動を疎かにせず（できず）、社会の一員であることを受け入れている。それと同時に、私たちオーディエンスの、国家に収集されない、〝無名〟の〝個人〟の〝周縁〟性に光を当てる。くだらない、つまらない生活にも〝名前〟をつける。〝野生〟の世界に戻れない〝人間〟の罪深さを描き出す。〝エロス〟と〝ノスタルジア〟に規定された欲望を映し出す。〝生〟と〝死〟の分裂を進み続ける。〝反復〟と〝変化〟、〝とげ〟と〝まる〟の間にある音楽によって。私たちの世界と存在にこびりついた分裂を、凝縮して表現に変える。それ以上に、ポップ・ミュージックにできることなど、果たしてあるのだろうか。

### 今日の日のスピッツ

現在までの最新アルバム《見つけ》では、アウトサイダー、〝周縁〟者であることが、切実な痛感を伴って響いている。それは一見穏やかで、満ち足りた表情をしている。表題曲〈見っけ〉は、キラキラしたシーケンスのフレーズとギターの快活な響きによって特徴づけられたスケールの大きい楽曲で、「再会へ!」と希望を込めて歌われる言葉はひたすら陽性のフィーリングを伝えているように聴こえる。

だが、そうした多幸感の中でも、「君を見つけたのはまだファンタジー?」と、幸福に疑問を付す言葉が紛れ込んでいるし、「人間になんないで　くり返す物語　ついに場外へ」という(高らかに力強く歌われる)フレーズはつまり「人間」のままでは「場外」に出ることはできないという、裏返しの諦念を示しているようだ。〝人間〟の中で生きるには困難がつきまとうが、とはいえ〝野生〟の「獣」でいられるわけでもない。《見っけ》のスピッツは、どこにも居場所がないことを暗に示しながら、同時に、ポップスの中心に立つような日なたのイメージを聴く者の中に広げる。ミドルテンポのグルーヴが心地よいポップソング〈ありがとさん〉が今生の別れを暗示すること、マイナー調のダンスビートの中で草野の声が透明感を示す〈YM71D〉が背徳を言葉に宿していることにも同様の効果がある。

2021年に発表されたシングル〈紫の夜を越えて〉では、開放弦を混ぜた艶やかな三輪のアルペジオ、田村の揺れるベースの上で、草野が「溶けた望み」や「敗けの記憶」を穏やかに優しく囁く。﨑山の力強い頭打ちのリズムに乗せて「ありがちで特別な夜」が伸びやかに歌われる。「画面の向こうの快楽」の先で、「ギリギリをくぐり抜けて」生き残ろうとする。居場所のない者たちの望みを、短調の悲壮なコード進行に乗せて描くスピッツは今でも、複数の分裂に新たな形式を与えている。

２０２１年でスピッツはメジャーデビュー30周年、結成から数えて34年を迎えたが、不可能なことを認識しつつも希求するという歌の態度は変わっていない。あらゆる不可能をわかった上で、凝縮された物語を続けること。罪悪と諦念を抱えながら、いつになっても晴れそうにない霧の中でも、揺続を途切れさせないこと。「希望がなくても続ける」という矛盾した意志こそが、もっともささやかでもっとも偉大な、彼らの「分裂」である。

今日もスピッツのポップ・ミュージックは、どこかの街でだれかの耳を気軽に楽しませ、別の街ではだれかの絶望に、深く、深く、寄り添っている。

# おわりに

そもそも、すべてを「分裂」で語るつもりはなかった。

この本がつくられるきっかけになった現代ビジネスでの記事で「分裂」をテーマにしたので、本にするときはもっと別のテーマで1冊を書こうと考えていた。一度書いたのだから、そこからさらに踏み込んだテーマへ行こうと思った。

ところが、書けば書くほどに、スピッツの「分裂」ばかりが目に付くようになる。一年くらい、別のテーマで書こうと考えて、そのたびに「分裂」に出会ってストップした。仕方がないから、年代別と要素別（メロディ、演奏、音響、映像表現など）に各章を書いてみた。結局、どこを見ても「分裂」はいた。もう逃れられないと思った。私がスピッツについて感じたことを書こうとすると、「分裂」がどうしても表れてしまう。そういうもんだと腹をくくるしかなかった。「分裂」の中へひたすら踏み込むしかないと思い、一度決まっていた章立てを今の形に変えて、文章を再構成した。一つの諦めが、この本を完成に導いた。

この場を借りて、この本を共につくり上げてくれた人々に感謝したい。

本書のデザインは森敬太さん、装画は島田萌さんに引き受けていただいた。森さんには、短い期間にもかかわらず、文章の気配と狙いを掬い取った素敵な本に仕上げていただいた。スピッツの大ファンである島田さんにいたっては、本書のために新作を描き上げてくださった。カバーの後ろにいる可愛らしいスピッツ（犬）がそれである。お二人には尊敬すべき仕事を示していただき、大変にありがたかった。

本書の中でも言及した音楽理論のサイト「SoundQuest」の管理人、吉松悠太さんには本書における楽理の記述を監修していただいた。急な依頼だったにも関わらず、適切かつ詳細な言葉で補っていただき、本書の記述の正確さを高めていただいた。私が本書で大胆なことが書けたのは、間違いなく彼のバックアップのおかげだ。

また、本書は完成するまでに担当編集が2回変わっており、3名の方に関わっていただいた。最初に声をかけていただいた方便凌さん。スピッツ好きとして引き継いでいただいた木下衛さん。そして、一時立ち消えになりかけた企画を拾い上げ、完成までの道筋をつくってくれた矢作奎太さん。彼は私と同じ大学・サークルの出身だったので、名前を聞いたときは率直に驚いた。矢作くん（と普段は呼んでいる）がディアハンターのコピーバンドで痙攣するギターの音を出しているのを聴いたときから、私は彼の感性を信頼している。先輩・後輩の関係には気を遣わせてしまうこともあったかと思う。それでも、的確な指摘と強い忍耐力で、本が成長するのを手伝ってくれた。一緒に仕事ができたことを、とても誇りに思っている。

先述したとおり、本書のきっかけとなったのは、現代ビジネスから依頼を受けて書いたスピッツの記事「スピッツは何故「誰からも愛される」のか〜「分裂」と「絶望」の表現者」である。その時に声をかけていただいた講談社の丸尾宗一郎さんにも、感謝の言葉を捧げたい。本書の制作に直接関わっていただいたわけではないが、丸尾さんがいなければこの本は生まれなかった。改めて、ありがとうございます。

もちろん、本書が出来上がったのはもっとたくさんの人々の力があってこそだ。迷惑をかけているにも関わらず私を支えてくれる友人・知人に恵まれたのは、本当に幸運だったと思う。いつもありがとう。インターネットでしか出会ったことのない人にも、たくさんの力を得ている。

そして、スピッツのメンバーのみなさん、スピッツを支えるスタッフのみなさん。この本自体が、あなたたちへの感謝のあらわれです。批評は距離を取らなければ書けないと言われるが、私はそんなことをまったく意識しなかった。適切だと考えられている文章の在り方よりも、あなたたちがつくり上げてきたものに対する愛と尊敬を伝えることの方が、はるかに大事だったから。その思いが、結果的には批評や歴史などの、人々が言葉で紡いだ営みを刺激づけるはずと信じて、私は本書を書き進めた。本書は、あなたたちに捧げられています。

最後に、本は読みはじめられることで初めて出来上がる。読者であるあなたの働きかけなしに、本書は存在しない。本書をお読みいただき、誠にありがとうございます。願わくば、感想や批評もどんどんお伝えください。すべての表現が力になります。批判でも構いません。嘘です。本当は批判なんかいやです。できる限り褒めてください。批判したい、批判せざるを得ないと判断した方々は、気概と尊厳込みでよろしくお願いします。それであれば、むしろ喜んで受けとめます。

とにかく、この本が出来上がって本当によかった。私は最高だし、スピッツは最高だし、この本は最高だ。今日は天気がいい。明日もきっと最高だろう。今私がそう思えることにも、スピッツの力が作用しているだろう。スピッツが好きだという気持ちから、私は多分一生逃れられない。

2021年11月　伏見瞬

## 主な参考文献

（全体）

MdN編集部『スピッツのデザイン』エムディエヌコーポレーション、2018年
クジヒロコ『C階段で行こう！』シンコーミュージック、2017年
スピッツ『旅の途中』幻冬舎、2007年
ROCKIN' ON JAPAN編集部『スピッツ』、ロッキング・オン、1998年
テオドール・アドルノ『不協和音 ――管理社会における音楽』三光長治／高辻知義 訳、平凡社ライブラリー、1998年
テオドール・アドルノ『音楽社会学序説』高辻知義／渡辺健 訳、平凡社ライブラリー、1999年
テオドール・アドルノ『アドルノ 音楽・メディア論集』渡辺裕 編、村田公一／舩木篤也／吉田寛 訳、平凡社、2002年
市田良彦『ランシエール――新〈音楽の哲学〉』白水社、2007年
imdkm『リズムから考えるJ-POP史』blueprint、2019年
烏賀陽弘道『Jポップとは何か　巨大化する音楽産業』岩波新書、2005年
烏賀陽弘道『「Jポップ」は死んだ』扶桑社新書、2017年
内沼映二『内沼映二が語るレコーディング・エンジニア史　スタジオと録音技術の進化50年史』DU BOOKS、2019年
宇野維正『1998年の宇多田ヒカル』新潮新書、2016年
宇野維正／田中宗一郎『2010s』新潮社、2020年
大谷能生『平成日本の音楽の教科書』新曜社、2019年
大和田俊之 編著『ポップ・ミュージックを語る10の視点』アルテスパブリッシング、2020年
加藤典洋『耳をふさいで、歌を聴く』アルテスパブリッシング、2011年
北中正和『増補　にほんのうた』平凡社ライブラリー、2003年
北中正和『ギターは日本の歌をどう変えたか　ギターのポピュラー音楽史』平凡社新書、2002年
佐藤一道／黒田隆憲 編著『シューゲイザー・ディスク・ガイド　revised edition』シンコーミュージック、2021年
佐々木敦『ニッポンの思想』講談社現代新書、2009年
佐々木敦『ニッポンの音楽』講談社現代新書、2014年
笹路正徳／川俣隆『音楽プロデューサー全仕事』エムオンエンターテイメント、1999年
柴那典『ヒットの崩壊』講談社現代新書、2016年
クリストファー・スモール『ミュージッキング――音楽は〝行為〟である』野澤豊一／西島千尋 訳、水声社、2011年
中村公輔『名盤レコーディングから読み解くロックのウラ教科書』リットーミュージック、2018年
萩原朔太郎『詩の原理』新潮文庫、1954年
ジョセフ・ヒース／アンドルー・ポター『反逆の神話　カウンターカルチャーはいかにして消費文化になったか』栗原百代 訳、NTT出版、2014年
サイモン・フリス『サウンドの力――若者・余暇・ロックの政治学』細川周平／竹田賢一 訳、晶文社、1991年
細馬宏通『うたのしくみ　増補完全版』ぴあ、2021年
マキタスポーツ『すべてのJ-POPはパクリである　現代ポップス論考』扶桑社、2014年
三田格『アンビエント・ディフィニティヴ　1958-2013』Pヴァイン、2013年
三井徹『戦後洋楽ポピュラー史　1945-1975　資料が語る受容熱』NTT出版、2018年
南田勝也『ロック・ミュージックの社会学』青弓社ライブラリー、2001年

南田勝也『オルタナティブロックの社会学』花伝社、２０１４年
毛利嘉孝『ポピュラー音楽と資本主義　増補』せりか書房、２０１２年
横川理彦『サウンドプロダクション入門　DAWの基礎と実践』BNN、２０２１年
若尾裕『サステナブル・ミュージック　これからの接続可能な音楽のあり方』アルテスパブリッシング、２０１７年
輪島裕介『創られた「日本の心」神話　「演歌」をめぐる戦後大衆音楽史』光文社新書、２０１０年
輪島裕介『踊る昭和歌謡　リズムからみる大衆音楽』NHK出版新書、２０１５年
渡辺裕『聴衆の誕生　ポスト・モダン時代の音楽文化』中公文庫、２０１２年
「音楽と人」２０１６年８月号、音楽と人
「音楽誌が書かないJポップ批評（20）」宝島社、２００２年
「音楽誌が書かないJポップ批評（36）」宝島社、２００４年
「音楽誌が書かないJポップ批評（46）」宝島社、２００６年
「MUSICA」２０１０年11月号、FACT
「MUSICA」２０１６年８月号、FACT
「ユリイカ」２００３年６月号、青土社

（はじめに）
冨田恵一『ナイトフライ　録音芸術の作法と鑑賞法』DU BOOKS、２０１４年

（第１章）
小川洋子『妊娠カレンダー』文藝春秋、１９９１年
角田光代『幸福な遊戯』福武書店、１９９１年
佐々木敦『ニッポンの文学』講談社現代新書、２０１６年
外山恒一『青いムーブメント——まったく新しい80年代史』彩流社、２００８年
外山恒一『全共闘以後』イースト・プレス、２０１８年
保坂和志『プレーンソング』講談社、１９９０年
「SNOOZER」２０００年８月号、リトル・モア
「ロッキング・オン・ジャパン」２００５年２月号、ロッキング・オン
「ミュージック・マガジン」２０１０年11月号、ミュージックマガジン

第２章
戸部田誠『１９８９年のテレビっ子　たけし、さんま、タモリ、加トケン、紳助、とんねるず、ウンナン、ダウンタウン、その他多くの芸人とテレビマン、そして11歳の僕の青春記』双葉社、２０１６年
中島梓『コミュニケーション不全症候群』ちくま文庫、１９９５年
蓮實重彦『帝国の陰謀』日本文芸社、１９９１年
蓮實重彦『凡庸な芸術家の肖像——マクシム・デュ・カン論』青土社、１９８８年

（第３章）
小野島大 編『UKニュー・ウェイヴ』シンコーミュージック、２００３年
渋谷陽一『ロック微分法』ロッキング・オン、１９８４年
濱瀬元彦『チャーリー・パーカーの技法——インプロヴィゼーションの構造分析』岩波書店、２０１３年
レッグス・マクニール／ジリアン・マッケイン『プリーズ・キル・ミー　アメリカン・パンク・ヒストリー無修正証言集』島田陽子 訳、Pヴァイン、２０２０年
「サウンド&レコーディング・マガジン」２００２年10月号、リットーミュージック
「ギター・マガジン」２０１６年９月号、リットーミュージック
「ベース・マガジン」２０１６年８月号、リットーミュージック

（第５章）
井手口彰典『童謡の百年』筑摩選書、２０１８年
大江健三郎『あいまいな日本の私』岩波新書、１９９５年
加藤典洋『アメリカの影』河出書房新社、１９８５年

加藤典洋『敗者の想像力』集英社新書、2017年
加藤典洋『敗戦後論』講談社、1997年
川端康成『美しい日本の私』角川ソフィア文庫、2015年
金田一春彦『童謡・唱歌の世界』主婦の友社、1978年
草野心平 著、入沢康夫 編『草野心平詩集』岩波文庫、2003年
椹木野衣『日本・現代・美術』新潮社、1998年
椹木野衣『「爆心地」の芸術』晶文社、2002年
谷川俊太郎『二十億光年の孤独』日本図書センター、2000年
千葉優子『ドレミを選んだ日本人』音楽之友社、2007年
野口雨情『野口雨情詩集』彌生書房、1993年
野口存弥『野口雨情——詩と人と時代』未来社、1996年
細川周平『近代日本の音楽百年 第1巻 洋楽の衝撃』岩波書店、2020年
マイケル・ボーダッシュ『さよならアメリカ、さよならニッポン 戦後、日本人はどのようにして独自のポピュラー音楽を成立させたか』奥田祐士 訳、白夜書房、2012年
水村美苗『増補 日本語が亡びるとき 英語の世紀の中で』ちくま文庫、2015年
南田勝也 編著『私たちは洋楽とどう向き合ってきたのか——日本のポピュラー音楽の洋楽受容史』花伝社、2019年
宮台真司『終わりなき日常を生きろ——オウム完全克服マニュアル』ちくま文庫、1998年
渡辺裕『歌う国民 唱歌、校歌、うたごえ』中公新書、2010年

**（第6章）**

阿久悠『夢を食った男たち』毎日新聞、1993年
市川哲史／藤谷千明『すべての道はV系へ通ず。』シンコーミュージック、2018年
大澤聡 編『1990年代論』河出ブックス、2017年
加藤賢「渋谷に召還される〈渋谷系〉——ポピュラー音楽におけるローカリティの構築と変容——」『ポピュラー音楽研究』vol.24（日本ポピュラー音楽学会、2020年）所収
萱野茂『アイヌ歳時記 二風谷のくらしと心』ちくま学芸文庫、2017年
テッサ・モーリス＝鈴木『辺境から眺める アイヌが経験する近代』大川正彦 訳、みすず書房、2000年
知里幸恵 編訳『アイヌ神謡集』岩波文庫、1978年
若杉実『渋谷系』シンコーミュージック、2014年
「ロッキング・オン・ジャパン」1991年11月号、ロッキング・オン
「MUSICA」2019年11月号、FACT

**（第7章）**

フレッド・デーヴィス『ノスタルジアの社会学』間場寿一／荻野美穂／細辻恵子 訳、世界思想社、1990年
夏目房之介『手塚治虫はどこにいる』ちくま文庫、1995年
ジョルジュ・バタイユ『エロスの涙』森本和夫 訳、ちくま学芸文庫、2001年
ジョルジュ・バタイユ『エロティシズム』酒井健 訳、ちくま学芸文庫、2004年

**（第9章）**

ハンナ・アーレント『新版 全体主義の起源1 反ユダヤ主義』大久保和郎 訳、みすず書房、2017年
宇野常寛『ゼロ年代の想像力』早川書房、2008年
大谷能生『貧しい音楽』月曜社、2007年
大谷能生『ジャズと自由は手をとって（地獄に）行く』本の雑誌社、2013年
仲正昌樹『悪と全体主義 ハンナ・アーレントから考える』NHK出版新書、2018年
「リズム&ドラム・マガジン」2010年11月号、リットーミュージック

**スピッツ論　「分裂」するポップ・ミュージック**

二〇二一年十二月二十二日　第一刷発行

**著者**：伏見瞬／**校正校閲**：吉松悠太、konoha／**ブックデザイン**：森敬太（合同会社 飛ぶ教室）／**発行人**：永田和泉／**発行所**：株式会社イースト・プレス　〒一〇一-〇〇五一 東京都千代田区神田神保町二-四-七 久月神田ビル　**Tel.**〇三-五二一三-四七〇〇　**Fax.**〇三-五二一三-四七〇一 https://www.eastpress.co.jp／**印刷所**：中央精版印刷株式会社／ISBN 978-4-7816-2035-0